甘肃省软科学计划研究项目
"甘肃脱贫攻坚兜底保障政策质量评估与优化研究"
（2019B-089）资助

学文
术库

欠发达地区农村低保政策
质量评价体系研究

侯志峰◎著

中国财经出版传媒集团

经济科学出版社
Economic Science Press

图书在版编目（CIP）数据

欠发达地区农村低保政策质量评价体系研究／侯志峰著. —北京：经济科学出版社，2021. 12
（兰州财经大学学术文库）
ISBN 978 - 7 - 5218 - 3330 - 0

Ⅰ.①欠⋯　Ⅱ.①侯⋯　Ⅲ.①不发达地区 – 农村 – 社会保障 – 福利政策 – 质量评价 – 研究 – 中国　Ⅳ.①F323. 89

中国版本图书馆 CIP 数据核字（2021）第 265495 号

责任编辑：杜　鹏　刘　悦
责任校对：李　建
责任印制：邱　天

欠发达地区农村低保政策质量评价体系研究
侯志峰　著
经济科学出版社出版、发行　新华书店经销
社址：北京市海淀区阜成路甲 28 号　邮编：100142
编辑部电话：010 – 88191441　发行部电话：010 – 88191522
网址：www. esp. com. cn
电子邮箱：esp_bj@ 163. com
天猫网店：经济科学出版社旗舰店
网址：http：//jjkxcbs. tmall. com
固安华明印业有限公司印装
710 × 1000　16 开　12. 25 印张　210000 字
2021 年 12 月第 1 版　2021 年 12 月第 1 次印刷
ISBN 978 – 7 – 5218 – 3330 – 0　定价：69. 00 元

前　言

　　农村低保政策是城乡社会保障体系的重要组成部分，在保障农村最低收入群体基本权益、促进社会公平和维护社会稳定等方面具有战略地位和重要作用，已成为国家治理的重要主题之一。自 2007 年全面实施以来，我国农村低保政策发挥了社会保障政策"托底"的积极作用，构成了农村最低收入群体的最后一道"保护网"。在巩固拓展脱贫攻坚成果，扎实推进乡村全面振兴的背景下，农村低保政策的运行情况，特别是欠发达地区的政策实施情况，直接关系我国城乡统筹发展的现代社会保障体系建设的成败。在此背景下，农村低保政策迫切需要通过定位优化和质量提升，变为国家"重器"。质量是公共政策的生命线。然而，就目前我国农村低保政策实施的客观情况来看，政策质量偏低问题明显存在。公共政策质量也尚未在学术领域得到深入研究，对其内涵缺乏科学的分析，特别是对农村低保政策质量进行操作化与评价的研究十分薄弱。科学界定农村低保政策质量的内涵要素，建立合理的政策质量评价指标体系，客观地评价农村低保政策，特别是欠发达地区该项政策的质量，无疑是重要的学术研究课题，也是推进农村低保政策和社会保障体系改革完善的必要选择。

　　基于此，本书基于多元利益主体视角，以农村低保政策质量评价为研究主旨，以构建农村低保政策质量的概念框架，开发、验证和优化欠发达地区农村低保政策质量评价模型、评价指标体系和测评量表为基本研究问题，遵循"文献梳理—概念界定—指标开发—验证与优化"的技术路线展开具体研究。

　　一是构建了农村低保政策质量的整体概念框架。本书研究揭示出，农村低保政策质量是由设计质量及过程质量和结果质量 3 个主维度和稳定性、一致性与协调性等 10 个次维度构成的多维多层概念框架。政策质量是一个尚未在学术领域得到深入研究并形成一致界定的复杂概念。农村低保政策质量评价与提升的前提是识别其利益相关者,特别是保障对象就农村低保政策质量要素所持有的具体观点,而不宜仅依赖已有的有限的理论研究或经验来定义农村低保政策质量的内涵与概念框架。为此,本书通过两阶段问卷调查,从多元利益主体视角收集协同性等 97 个农村低保政策质量要素。在试测并剔除重复指标后,使用探索性因子分析方法对责任性等 43 个要素的重要度进行了分析,并获取了重要度数据的内在结构,形成稳定性等 11 个维度。进一步,通过两阶段分类研究,在剔除可执行性维度属性后,责任性等 10 个维度被分别归入政策设计质量等 3 个类属。

二是构建了农村低保政策质量评价指标体系总体框架。基于农村低保政策质量整体概念框架的主维度和次维度,将该项政策质量评价指标体系分类为政策设计质量类指标、政策过程质量类指标和政策结果质量类指标 3 个类型,稳定性、一致性与协调性等 10 个次维度构成农村低保政策质量评价的一级指标,分别归属于 3 个不同的指标分类。遵循指标体系设计的一般原则,结合对已有文献和访谈数据的收集与分析,设计和遴选了欠发达地区农村低保政策质量评价的二级指标评价要素,并就各个指标要素的内容进行了分析、解释和说明。最终形成欠发达地区农村低保政策质量评价的指标体系总体框架,该总体框架包含 10 个一级指标、34 个二级指标评价要素。在此基础上,编制欠发达地区农村低保政策质量测度的初始测评量表。试测完成后,形成问卷调查时所用的初始量表。其中,设计质量包括 12 个题项,过程质量包括 13 个题项,结果质量包括 9 个题项。

三是运用多种分析方法对评价指标体系与测评量表进行了检验与修正。内部一致性信度检验表明量表具有足够信度:设计质量、过程质量和结果质量维度的 α 值分别为 0.914、0.921 和 0.906,量表的总体 α 值为 0.930,Spearman-Brown 折半系数为 0.767,Guttman 折半系数为 0.767。使用探索性因子分析方法对维度的合理性进行检验,经过净化后保留了 30 个测量题项。效度检验进一步删除了 4 个题项。最终结果显示量表具有良好的收敛效度和区别效度,各指标的负荷系数均在有效范围内 (0.5~0.95),所有 T 值均达到 2.58 以上的显著性水平。整体拟合指标 RMSEA (近似误差均方根) 为 0.040,卡方值系数为 1.990。组合信度显示设计质量、过程质量和结果质量 3 个潜变量之间的组合信度分别为 0.914、0.931 和 0.886,表明模型的内在质量理想。因子负荷值方面,载荷最低值为 0.52,达到 0.5 的最低要求。通过上述检验与修正程序，得到最终测量量表。该量表共包含 26 个题项。其中，设计质量和结果质量各包含 8 个题项，过程质量包含 10 个题项。

本书的理论贡献体现在：（1）基于政策过程理论，聚焦农村低保政策，将政策质量的研究纳入政策过程和政策类型（领域）的理论视野及研究视角，是以研究视角的创新破解政策质量碎片化研究困境的积极尝试；（2）本书不仅仅依赖已有研究成果，而是从多元利益主体视角收集农村低保政策的质量要素，从而有效识别农村低保政策质量的重要方面，创新性地提出了农村低保政策质量的多维多层概念框架和评价模型，这是政策质量理论研究的有益增量；（3）政策质量评价必须基于合理的指标体系。本书开发的欠发达地区农村低保政策质量评价指标和量表具有良好的信度与效度，可以作为对欠发达地区农村低保政策质量的一种评价工具，这是对现有政策质量评价研究的重要补充。

侯志峰

2021 年 4 月

目　　录

第1章 绪 论

本部分简要阐述研究的问题、研究目的与意义、相关核心概念、研究思路以及主要研究内容和本书的整体结构安排。

1.1 研究背景与问题提出

1.1.1 研究背景

贫困问题是当前世界范围内尖锐的社会问题之一。作为世界上人口数量最多的发展中国家，受经济发展整体水平相对滞后和农村人口基数庞大等因素的制约，贫困问题一直是困扰我国农村发展的重要因素。我国一直高度重视"三农"工作。特别是改革开放之后，国家层面的农村扶贫和社会救助工作以一系列的体制改革与政策创新为保障而取得了显著的成效，农村贫困人口数量大幅减少，最低收入群体生活质量得到有效改善。但是，受较为恶劣的生态自然环境、滞后的基础设施以及市场机制不够健全、相关制度不够完善等多种因素的制约，我国的农村贫困问题及反贫困进程缓慢的问题一直存在。

与此同时，传统区域性开发式扶贫政策和粮食补贴等具有普惠性质的政策的实施，使广大农村的区域性整体贫困问题得到有效改善，但在解决农村最低收入群体个体性贫困方面的成效日趋减弱。因此，迫切需要一种更为精准的社会救助政策，不仅能够保障农村最低收入群体的基本生存与发展，而且还能够有效化解贫富差距加大导致的潜在风险。正是在这样的背景下，农村低保政策在原有扶贫开发政策和救助政策的实施基础上渐趋形成。2002年以来，我国部分地区已经开始探索实施农村低保政策。截至2005年，北京、天津、上海、浙江、广东、吉林、四川、河北、陕西和海南等10个省（市）

制定实施了农村低保政策。目前，已有 31 个省份全面建立了农村低保政策。2018 年 1 月，全国县级以上农村低保保障人数为 3963.6 万人，家庭数为 2194.8 万户①。

农村低保政策是指政府对家庭年人均纯收入低于当地农村居民最低生活保障标准的农村常住居民家庭实行的一项规范化的基本生活救助制度。作为我国社会保障体系和农村社会救助体系的一项重要内容，农村低保政策也是政府调节社会分配、减少农村贫困、实现社会公平的一种政策手段，构成农村社会最低收入群体的最后一道"保护网"，并渐趋由经济社会发展改革的配套性政策向"关乎于国家认同、社会公平和正义，具有全局性的战略地位和重要作用"（林闽钢，2017）的根本性制度安排转型提升。可以说，农村低保政策的制定与实施情况，对于改善农村贫困人口的生活困难、缩小弱势群体同其他社会成员间的差距，以及促进区域社会公平、维护社会稳定等方面都具有重要的作用。质量是公共政策的生命线。但是，在农村低保政策的实施过程中，政策规避、政策异化、政策附加等各种政策质量偏低的现象时有发生，"骗保""轮保""关系保"等反规范化操作问题也较为突出②，不仅使农村低保政策作为托底保障的合理性、有效性有所弱化，同时也易于引致、积聚一些社会矛盾，影响农村社会的和谐稳定，潜在地存在引发更多社会风险的可能性。

1.1.2 问题提出

由前面论述可知，作为解决农村最低收入群体基本生活问题、实现社会和谐发展的具有伦理属性的重要政策供给，农村低保政策体现了基本生存权人人平等、国家须对民生负责的原则，成为社会救助本质的最集中体现。农

---

① 民政部. 2018 年 1 月份社会服务统计月报［EB/OL］. http://www.mca.gov.cn/.

② 例如，由于低保对象收入核定存在的凭直觉判断或随意估算等现象，导致不能真实反映出低保对象家庭的实际收入，出现"应保未保""保不应保""应退未退"等瞄偏现象。此外，调研也发现，政策实施中存在"拼保""轮保""漏保""错保""关系保"与"骗保"等反规范化运作现象。"拼保"指由指定的低保户获取低保资金后与"隐性低保户"均分农村低保补助资金的情况；"轮保"指负责农村低保实施的一些基层管理人员与村民之间达成一种协议，在低保补助资金有限的情况下，把应享受低保补助的村民分为若干组，按次序轮流、"公平"享受低保补助；"关系保"是指不符合农村低保补助资格的群体通过与低保资格评定人员的关系运作来获取农村低保补助资格与补助资金的现象。究其原因，其中既有申请者福利欺诈的因素，也有具体的行政工作人员道德失范和审查失责的因素，同时也有政策设计不合理的原因。

村低保政策的运行情况，特别是欠发达地区的农村低保政策的实施状况，直接关系我国城乡统筹发展的社会保障体系建设的成败。质量是政策的生命线。在前述背景下，农村低保政策迫切需要通过全面优化定型和提升政策质量，变为国家"重器"，从经济社会改革发展的配套性政策转变为实现经济社会协调发展、持续保障和改善农村最低收入群体生活质量的根本性制度安排。

但是，基于对农村低保政策实施情况的实地调研发现，该项政策实施中出现的目标置换、福利依赖、政策微效与偏差以及政策满意度低下等问题，都与政策质量本身相关。所谓政策质量，主要是指政策方案本身的合理程度、政策执行的有效性，以及政策满足利益相关者诉求的程度。政策质量评价则是以确保政策有效性为目的的对政策合理程度进行的判断，其实质是对政策过程的客观评价。但就研究现状来看，已有研究更多关注农村低保政策执行及其对政策效果的影响，农村低保政策质量却是一个尚未在学术领域得到深入研究的方面，特别是对农村低保政策质量进行操作化与测量的研究十分薄弱。面对政策目标置换、政策绩效衰减、政策公平性缺失以及政策满意度低下等明显存在的问题，科学界定农村低保政策质量的内涵与要素，建立合理的农村低保政策质量评价指标体系，客观地评价农村低保政策特别是欠发达地区该项政策的整体质量，为其质量管理与提升提供依据，进而提升农村低保政策有效回应国家在经济和社会发展中出现的重大问题的能力，成为理论研究和政策实践都不可回避的一个重要任务。

基于此，针对以往研究的不足，本书研究运用政策过程和政策评估理论，基于多元利益主体视角，立足欠发达地区，以欠发达地区农村低保政策质量评价为研究主旨，以构建农村低保政策质量的整体概念框架，开发、验证和优化欠发达地区农村低保政策质量评价的评价模型、指标分类、评价指标体系和测评量表为基本研究问题展开具体的研究。

1.2 研 究 意 义

近年来，随着市场和社会的快速转型，各种复杂、深层的社会问题层出不穷。在中国走向"社会政策时代"和全面建设覆盖城乡居民的更为公平、有效的现代社会保障体系的宏观背景下，作为促进社会公平和经济社会发展不可或缺的重要政策供给，农村低保政策已成为相对独立且具有若干焦点问题的重要研究领域①。农村低保政策的研究得到了社会学和公共政策学科领域部分学者的共同关注。尽管如此，对农村低保政策质量内涵与结构要素以及实际测量等方面的研究罕见。本书在政策过程理论指引下，立足欠发达地区，聚焦农村低保政策这一具体政策类型（领域）展开具体的研究，形成基于现实政策环境的研究结论，其理论和实践意义如下。

1.2.1 理论意义

本书研究与公共政策、社会政策特别是社会保障政策研究的学术发展脉络和前沿动向有着密切的联系，体现出一定的理论价值。

1. 丰富对政策质量内涵属性与构成要素的研究。政策质量是政策科学诞生之初就得到广泛关注的研究问题，很大程度上也构成政策科学研究的基点。拉斯韦尔等（Lasswell et al.，1956）试图将政治学、社会学等学科领域内大批学者针对政策研究取得的"碎片化"知识进行"整合"而努力，其目的就是以民主的基本价值为追求、以构建"好的政策问题"为导向来改进政策制定工作，提高政策质量。历经多个发展阶段，政策科学旗下学者的研究涵盖了政策制定、政策执行、政策评估和政策终结等公共政策的全过程。相比较而言，学者对于政策评价、政策执行的关注较多，但对政策质量的研究不够深入，存在着明显的不足。对政策质量的研究更多地停留在定性的宽泛讨论，缺失对其内涵属性的科学界定，对其结构要素尚未形成共识。特别是，有以政策的成本收益或政策绩效来替代政策质量的倾向。本书在文献梳理的基础上，借鉴已有研究，尝试从政策保障对象和核心利益群体的角度识别和分析农村低保政策质量的维度与属性，构建农村低保政策质量的整体概念框架和评价模型，可以弥补政策质量内涵与构成要素研究的不足。

2. 丰富对政策质量评价指标体系的研究。如前所述，已有研究对政策质量内涵、分析框架、评价维度与具体指标缺失科学的界定，导致难以进一步开展对政策质量评价或测量等方面的研究。此方面少量的已有研究尽管做出

---

① 陈振明等曾指出，当前我国公共管理学科理论与实践面临的主要的主题领域，包括社会管理和社会政策、公共政策分析等11个方面。参见：陈振明，等. 公共管理学：第二版［M］. 北京：中国人民大学出版社，2017.

了有益的尝试，但仍存在着较为明显的不足，具体体现在：（1）在测量要素与评价指标的选取方面存在重复；（2）对个别测评要素内涵的界定模糊；（3）没有充分考虑政策价值方面的评价指标。"公共政策量化分析的最大存在价值是，更加强调科学性和工具性，更加强调运用现代科学技术知识、方法和规范去揭示公共政策的相关规律"（傅雨飞，2015）。特别是对于政策质量的研究，发展适宜的评价框架、评价指标体系与具体的测量量表，进一步开展实证测量，并基于评价结果提出政策质量管理与提升的具体建议，是提高政策有效性、实现政策预期目标、提升政策绩效的必要选择。本书基于农村低保政策质量整体概念框架，开发并验证了农村低保政策质量评价指标体系，形成了科学合理的农村低保政策质量评价工具，有益于丰富对政策质量，特别是农村低保政策质量评价的研究。

1.2.2　实践意义

对政府部门，特别是地方政府而言，本书聚焦的农村低保政策质量内涵要素与评价等问题是其对农村低保政策进行有效管理的一个重要方面。高质量的农村低保政策具有科学性、合理性等特点，符合广大保障对象和利益相关群体的诉求，能够发挥基本生活救助的应有作用，也起到维护农村社会稳定和促进社会和谐发展的积极作用。一方面，本书构建的农村低保政策质量的概念维度、测量指标体系，可以给政府对农村低保政策质量进行有效管理和优化决策提供科学依据，具有一定的实践价值。另一方面，本书对农村低保政策质量内涵与构成要素的研究，以及农村低保政策质量各维度和指标体系相对于政策整体质量的权重与重要度的分析结论，有助于揭示农村低保政策质量的复杂性和动态性知识，辨析农村低保政策质量的主要构成维度，阐明农村低保政策质量的关键影响因素，有利于引导政府，特别是地方政府对农村低保政策进行有效的管理和优化。此外，在本书研究的基础上，进一步开展对欠发达地区农村低保政策质量的实际测量与评价，有助于科学认识其政策质量的实际水平，揭示政策方案设计、政策执行和政策结果等方面存在的具体问题。有利于具有针对性地从提高政策质量、维护政策价值等方面提出如何管理和提升农村低保政策质量的具体对策建议，这对于政府，特别是地方政府更好地推进该项政策的完善具有重要的参考价值。

1.3 核心概念界定

1.3.1 欠发达地区

"欠发达"是一个历史的、相对的概念。整体而言，"欠发达"所重点强调的是社会经济发展的一种动态的和相对的状态。一方面，"欠发达"是一种发展过程中呈现出的动态状态，从而不同于"不发达"此类概念。另一方面，"欠发达"是一种相对状态，表征此类地区当下的经济与社会发展整体水平较低，相对而言落后于发达地区的发展水平，而非处于绝对的落后或者不发达状态。

由对"欠发达"概念的解析可以对"欠发达地区"这一概念进行演绎。一方面，欠发达地区也具备一定的经济发展实力与潜力。另一方面，相对而言，与发达地区相比较，仍然存在一定的差距。具体体现在：生产力发展相对不平衡，经济与科技水平等相对落后。目前，就全国来看，东部沿海地区整体的经济社会发展水平相对较高，属于我国的发达地区。广大中西部地区，特别是西部内陆地区的经济社会发展整体水平相对滞后，属于我国的欠发达地区。不过，这一划分也并不绝对，因为在发达地区也有相对不发达的区域，同样在广大欠发达地区也有相对较发达的区域。

国内学界对欠发达地区概念的理解与阐释，存在着不同的路径。较具代表性的一种界定方式是，用经济和社会发展整体水平来定义欠发达地区，例如有学者主张，欠发达地区是指"由于受到历史、区位和观念等条件以及不平衡发展战略的影响，导致同发达地区在经济和社会发展水平上存在较大差距的地区"（陆立军，2001）。进一步，有学者主张按照经济实力划分，以珠三角、长三角和环渤海地区为发达地区；其他地区为欠发达地区。还有学者借助发展程度指数来界定发达地区和欠发达地区。发展程度指数包含人均收入指数、产业结构指数、人均投资指数、城乡差距指数、基础设施指数、教育程度、城市化、生活水平、预期寿命以及人口负担等方面。据此，有学者将我国四川、陕西、广西、宁夏、新疆、甘肃、青海、云南、贵州和西藏10个省（区）认定为我国欠发达地区（杨伟民，1997）。也有学者从地区上进行划分，将我国中西部地区界定为欠发达地区，东部和沿海地区界定为发达地区。

　　本书以经济和社会发展整体水平为依据，将欠发达地区界定为经济和社会发展速度相对缓慢、整体水平相对落后，体制转型、政府职能转变和观念转变相对滞后，知识积累和创新能力相对落后的区域，而非贫穷或绝对落后区域。基于此，本书选取研究对象时，将甘肃省作为欠发达地区，是指其当前的经济和社会发展整体水平相对而言落后于东部沿海等发达地区。

1.3.2　农村低保政策

　　"三十多年来，中国改革的主要成果之一，就是全面建立了与社会主义市场经济体制相适应的社会保障制度框架，形成了以社会保险、社会救助、社会福利为基础，以基本养老、基本医疗、最低生活保障制度为重点，以慈善事业、商业保险为补充的社会保障体系"（林闽钢，2017）。农村低保政策是社会保障体系的重要组成部分，是政府对年人均纯收入低于当地农村居民最低生活保障标准的农村常住居民实行的一种规范化的基本生活救助制度，是我国社会保障体系和农村社会保障体系的一项重要内容，是旨在保护农村最低收入群体基本生存权利的一项不可或缺的社会救助制度，同时也是政府调节社会分配、减少贫困、实现社会公平的一种政策手段，被誉为农村社会最低收入群体的最后一道"保护网"。就其基本功能而言，农村低保政策是保障农村最低收入群体的生存权和发展权；此外，也兼具维护社会稳定和调节收入差距的扩展功能。

　　农村低保政策的基本特征体现在三个方面：一是明显的选择性特征，即以收入低于当地农村居民最低生活保障标准的人群为补助对象，要求保障标准和政策所附加的各项福利不宜过高，以免对社会公平和效率产生破坏作用；二是明确的目标性特征，即农村低保政策的运行是一个合理确定受益标准并根据确立的受益标准合理、准确地核定受益者进而予以补助的过程；三是精准的弥补性特征，即通过救助将农村居民最低收入家庭的收入提高到某一水平，以保障其基本生活需要。因此，在政策实践中以低保保障指导标准为依据确立补助水平，通常采用分类差额补偿方式，不同保障对象因贫困程度等具体情况的不同得到的补助金额存在差异；而且，只要收入水平超过低保保障指导标准，就可以中止补助。

1.3.3 政策质量

质量在公共领域也一直扮演着重要的角色——公共领域也是质量导向的。公共领域质量概念的演进大致包含三个阶段，分别是标准和程序意义上的质量、有效性意义上的质量和客户满意度意义上的质量。作为标准和程序意义上的公共管理对应的质量，其内涵与私人部门质量的早期概念相一致，即技术符合规范、标准。20世纪60年代末，目标管理在公共行政中的普及促使公共管理对应的质量的含义随之发生了变化。公共领域的质量仍然包括没有错误（缺陷），但也开始将质量的概念与目的/产品/服务相结合，强调有效性以及适合使用。20世纪80年代初，私人部门全面质量管理的概念被移植到北美洲和西欧的公共部门，顾客满意程度成为公共领域质量管理和提升的重要参照系。

政策质量是一个尚未在学术领域得到深入研究并形成一致界定的复杂概念。尽管学者频繁使用政策质量一词，但却少有学者对其做出界定。国内学者对政策质量研究的首篇主题论文为陈振明教授于1995年发表的《改善公共决策系统 提高公共政策质量——市场经济条件下的政府决策行为研究》。其后，刘海波、靳宗波、曹堂哲、张再林、丁煌、范柏乃、王云斌等学者就政策质量进行了研究，并对其概念内涵进行了界定。已有研究对政策质量内涵的界定有四种主张。其一，主张政策质量是对政策好坏程度的主观价值判断。其二，将政策质量与政策的成本收益内在联结，以政策实施的成本收益来审视政策质量。其三，用政策的合法性和政策的效率来衡量政策质量。其四，从政策的合理性、可行性和利益相关者诉求满足程度来定义政策质量。

本书主张，政策质量是一个多维多层的动态概念，是一个需要置于政策过程和具体政策类型（领域）来加以考量的复杂概念。对政策质量统一的定义可能并不存在，但基于政策多元利益主体视角，可以识别政策质量内涵要素的具体方面和维度结构。政策质量指政策方案本身的科学合理程度、政策执行过程的有效性和政策实施结果的效率、效益和回应性。政策质量既包括政策设计质量，还包括政策过程质量和政策结果质量。政策设计质量指政策在决策（制定）和执行设计阶段的质量。政策过程质量指政策在政策执行和相应的公共服务提供过程中的质量。政策结果质量指的是公共政策实施之后体现出具体的政策效果、效益与效率。

1.4　研究思路

　　本书的主要内容是：识别农村低保政策质量的内在构成要素，开发并验证农村低保政策质量评价指标体系，并对其进行实证检验和修正。研究的基本思路是：基于该项政策制定、执行中出现的实际问题，借鉴已有文献研究成果，提炼出具体的研究问题；在理论分析和问卷调研的基础上，构建概念模型；进一步，开发、检验和修正农村低保政策质量评价指标体系与测评量表。

　　首先，已有研究对政策质量的使用十分普遍但对其内涵的界定却少之又少，并且不无偏颇。归纳而言，对政策质量内涵的界定，或者强调关注政策结果，或者主张测量其政策方案，或者聚焦于政策执行环节，缺失基于政策过程视角下的政策质量概念的整体把握以及对政策质量要素属性的合理识别。为破解这一不足，先要求合理界定政策质量的内涵，这也是政策质量管理与提升的首要问题。由于现有文献缺乏对政策质量内涵的科学界定，因而在收集和分析相关研究文献的基础上，识别政策多元利益主体对其质量属性和重要度的具体观点，成为政策质量内涵界定的合理路径。因此，对于政策质量内涵的研究，一方面需要扬弃对政策结果或某一政策阶段的片面化关注，将其与政策全过程联结起来；另一方面要基于政策多元利益主体而不是仅依赖已有的研究文献来定义政策质量要素。针对以往研究的不足，本书先通过面向农村低保政策多元利益主体的两阶段问卷调查和数据分析，识别农村低保政策质量的可能要素，分析各要素的重要度，探析重要度数据的内在结构，进而构建农村低保政策质量的整体概念框架和评价总体框架。

　　其次，对政策质量概念的界定是政策质量评价的第一步。更为重要的是，政策质量评价还必须基于合理的指标体系和科学的测量方法。基于农村低保政策质量整体概念框架和评价模型，本书以相关文献研究成果为评价指标和量表测量题项选取的理论支撑，结合访谈数据，开发农村低保政策质量评价指标体系和测量量表，并对指标体系和量表进行检验和修正，得到具有良好信度和效度并易于操作的农村低保政策质量评价指标体系。

　　本书的总体框架和技术路线如图 1-1 所示。

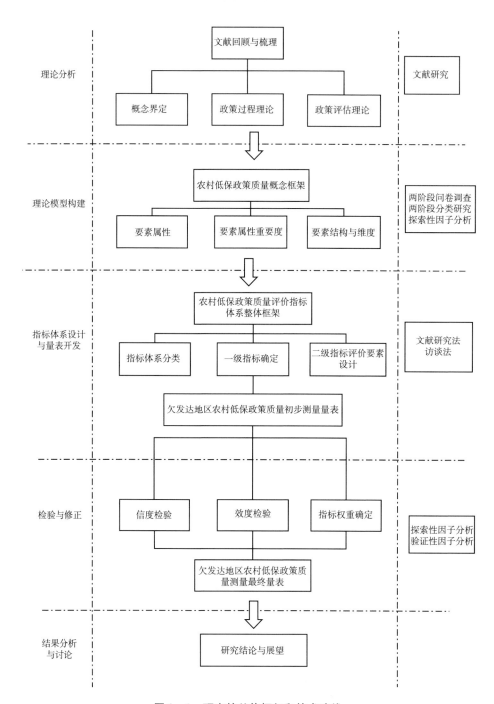

图 1 – 1　研究的总体框架和技术路线

1.5　研究内容与结构安排

本书共有 8 章。整体结构安排如下。

第 1 章，绪论。阐述研究的主要问题、研究目的和意义、研究思路、主要研究内容和本书的整体结构安排。

第 2 章，理论基础与文献回顾。介绍本书的主要理论支撑：政策过程理论与政策评估理论。文献回顾主要从政策质量的内涵、影响因素与测量，农村低保政策质量管理与提升的具体路径等方面进行论述。并总结梳理已有研究取得的主要成果，分析已有研究的薄弱之处。

第 3 章，研究设计。结合研究目的，就该项研究使用的整体研究设计进行阐述。包括研究目的与研究问题、研究方法的选择、具体的研究路径和数据收集分析方法等内容。

第 4 章，农村低保政策质量的概念框架。结合已有文献研究结论，提出农村低保政策质量初始评价模型。通过两阶段问卷调查和两阶段分类研究，对初始评价模型与框架进行修正，形成农村低保政策质量的多维多层概念框架，并对评价模型构成指标的内涵进行详细阐释。

第 5 章，指标体系设计与测评量表编制。本书基于农村低保政策质量概念框架，以相关文献研究成果为理论支撑，结合访谈数据，开发农村低保政策质量评价指标体系，重点设计和遴选欠发达地区农村低保政策质量评价的 10 个一级指标的二级指标评价要素，形成欠发达地区农村低保政策质量评价的指标体系总体框架，并就各个指标要素的内容进行了分析、解释和说明。在此基础上，编制欠发达地区农村低保政策质量测度的初始测评量表。

第 6 章，信度、效度检验与修正。作为对政策质量进行测量的一种工具，评价指标体系的适用性和可靠性究竟如何，必须要经过信度与效度检测。为验证欠发达地区农村低保政策质量评价总体框架的可靠性并对评价指标进一步加以优化，本书以问卷调查收集数据，采用验证性因子分析、探索性因子分析等方法，对量表进行检验和修正。在此基础上，形成欠发达地区农村低保政策质量测量最终量表。

第 7 章，欠发达地区农村低保政策质量测量。以甘肃农村低保政策为例，基于之前开发的农村低保政策质量测量量表，运用多级模糊综合评价法，开展农村低保政策质量的实证测量，检验农村低保政策质量测量体系的适用性和可操作性。

第8章，研究结论与展望。总结本书研究所取得的主要结论、主要的理论贡献和研究局限，并在此基础上提出后续研究的努力方向。

第 2 章　理论基础与文献回顾

本章主要就研究的理论基础和现状进行探讨。政策过程的视角和思维方式是研究所有政策科学问题的出发点（朱德米，2015）。政策质量主要体现在政策形成过程中。在政策过程理论视角下对政策制定、执行等过程（阶段）进行分析，有助于全面理解和确定政策质量的内涵与维度，辨析政策过程中的多元利益主体，也有益于解析农村低保政策质量及其影响因素的内在逻辑，为政策质量评价指标体系的构建奠定基础。政策评估的理论与方法为本书对欠发达地区农村低保政策质量评价指标主体的规划设计等提供了有益的指导。

文献回顾主要从政策质量的内涵、影响因素与评价，农村低保政策质量管理与提升等方面进行论述。同时总结梳理已取得的主要研究成果，分析已有研究的不足之处。

2.1　研究的理论基础

2.1.1　政策过程理论

政策过程理论在持续的争论，以及新的框架和理论的不断涌现中发展向前。回顾政策科学的初创时期，拉斯韦尔就将其注意力集中于政策过程上。他对"政策过程中的知识"的界定明确包含了对政策的程序性关注。1956年，在其《决策过程》（*The Policy – Making Process*）一书中，他提出决策过程七阶段划分（情报、提议、规定、合法化、应用、中止、评估）的主张，这成为政策过程概念最初的由来。拉斯韦尔之后，关于政策过程阶段或政策周期的模型层出不穷。1974 年，加里·布鲁尔（Gamy D. Brewer）在其《政策科学的出现》（*The Policy Sciences Emerge:To Nurture and Structure a Discipline*）

一文中提出政策过程六阶段说（创始、预评、选择、执行、评估、中止）。这体现出政策过程分析模型的发展与成熟，并对其后的政策过程分析产生了深刻的影响，得到了大多数政策科学研究者的认同、借鉴与完善，例如查尔斯·琼斯和安德森（Charles Jones and Anderson）等。查尔斯·琼斯将政策过程环节界定为"问题认定、方案产生、方案执行、方案评估与方案终结"，并就每一环节的具体功能和对应的政府活动进行了详细的论述。对政策问题的接受、分析与认定在琼斯的政策过程环节中旗帜鲜明地得以伸张。这与安德森政策过程框架中关于政策议程的阐述具有异曲同工之妙。这不仅促使学者将政策过程的研究纳入具体的政策情境和政策系统中，同时也推进了对政策问题界定、政策议程建立等方面更为深入的研究。政策合法化在政策过程中居于重要地位。安德森的政策过程思想，其创新与贡献之处除了对政策议程的强调外，更主要的在于强调了政策合法化在整个政策过程体系中的重要性。他将政策过程分解为"政策议程、政策形成、政策通过、政策执行、政策评估"五个阶段。综合政策过程阶段论的不同主张可见，典型的阶段划分或进程主要包括：问题的提出与议程确定—政策通过—政策应用与执行—政策反馈与评估。

鉴于对本书研究所给予的理论基础支撑方面的重要性，以及对政策问题建构研究相对不够深入的现状，在此有必要对政策问题建构做较为详细的论述。政策问题建构被作为政策过程的第一个阶段。布鲁尔和德隆（Brewer and Deleon，1983）主张，作为政策循环的第一阶段，政策问题建构对于其后进行的备选方案的形成、权威当局的政策选择，以及政策执行、评估等都具有基础性作用（Brewer and Deleon，1983）。张康之和向玉琼（2016）对政策问题建构的重要性也多有论述，"政策问题建构是把社会问题转化为政策问题的过程，是政策过程开启的第一个环节，是形成政策并通过政策去开展社会治理的起点"。

相对而言，早期公共政策研究学者对政策问题的关注不够深入。在他们看来，政策问题是既定的，更重要的是如何通过政策方案的形成来解决既定的政策问题。但是，随着政策分析和政策过程研究的深入，学者们逐渐认识到，一方面，"政策制定者所面对的不是某个已知的问题，相反，他们必须确定并提出自己的问题"（林布隆，1988）；另一方面，很多的政策失败都可以归结为对政策问题辨识的失败或者构建了"不良"的政策问题。对政策问题的研究逐渐得到学者的广泛关注。很大程度上，传统的政策分析框架视政策问题为政策目标与现实情况之间的差距，从而将政策问题界定的过程等同于观察和测量政策目标与现实情况之间的差异（斯通，2016）。理性决策模型的要义就是在科学计算不同途径的成本和收益的基础上，得到解决政策问题、实现政策目标的最佳途径。

显而易见，政策目标并非总是相当明确而是具有模糊性的。政策问题在不同的界定主体上，也往往体现出不同的内容。正如安德森（2019）深刻指出的那样，界定问题本身就是一个问题。一方面，尽管一些社会问题正如金登所说因一些指标和数据的体现而实实在在地存在着，也并不一定能够上升为政策问题。另一方面，即使某一社会问题获得足够的重视而进入政策制定者的考量之中，由于"解释者"的主观建构，这一社会问题被界定为何种性质和程度的政策问题依然具有不确定性。更重要的是，政策问题的建构会直接影响之后的政策方案选择和政策行为。在这种认识背景下，政策过程理论的各个新的框架也无不体现出对政策问题界定和构建的重视。正如赖希（Reich，1988）所言，最重要的方面不是对问题解决备选方案的评估，而恰恰是问题建构本身。

一般认为，德瑞（Dery）最先对政策问题内涵进行了界定。在其出版于1984 年的《政策分析中的问题界定》（*Problem Definition in Policy Analysis*）一书中，德瑞对政策问题进行了系统的研究。其认为，在政策分析的情境下，政策问题界定是政策分析学者面临的最重要且要求最为严格的任务。政策问题界定不仅是对一组事实或观念贴上标签，更重要的是，政策问题界定至少应包括以下内容：对不良或不符合需要的情境的原因及后果的分析描述，以及问题如何得以缓解或解决的理论主张（德瑞，1984）。德瑞关于政策问题界定的认知与众多政策学者的主张一脉相承。有学者总结了政策问题建构的两个准则。其中，第一准则是：政策问题不是既定存在的，而是分析与建构的（Schon，1977；Wildavsky，1979；Lindblom and Cohen，1979；Dery，1984；Dunn，1988）；第二准则是：基于实际情况的政策问题建构必须得到解决的可行性标准与价值标准。

政策问题的复杂性和艰巨性使学者意识到政策问题建构是一把"双刃剑"。纳维尔和巴顿（Neufville and Barton）在其《政策问题建构的迷思》（*Myths and the Definition of Policy Problems*）一文中指出，政策问题建构的作用具有双面性：一方面它可以给政策形成提供富有创造力的灵感和将社会价值转化为行动建议的路径，从而可以通过形成新的政策来解决社会和经济变革带来的具体问题；另一方面也可以通过隐瞒存在的突出矛盾和现实情况，使有利于强大利益集团但却不符合广大群体利益诉求的政策得到合法化，或者形成"不良"的政策问题界定（Neufville，Barton，1987）。

霍佩（Hoppe，1989）关注到政策问题分类，这对后续研究提供了有益的参考和基础。当然，霍佩也认同政策问题类型学首次获得优势还得归功于1972年洛依对分配政策和再分配政策问题的区分。霍佩依据"知识的确定性程度"和"相关标准的接受程度"两个维度区分了四种不同的政策问题类型（见图2-1）。

图2-1 霍佩（Hoppe）的政策问题类型（1989）

资料来源：Hoppe R. Cultures of public policy problems [J]. Journal of Comparative Policy Analysis，2002，4（3）：305-326.

结构良好的问题。政策制定者具有高度的确定性和共同的价值取向。

结构适度的问题。具体来说，存在两种截然不同的形态：一种情形下，政策制定者对相关标准具有高度的认同，相应的价值冲突并不激烈，但在具体资源的分配以及采取的具体途径、方法方面存在分歧；另一种情形下，政策制定者在确定性知识等方面能够保持一致，但是他们却在重要的价值取向等方面存在分歧。

结构不良的问题。卷入其中的决策者数量较多，涌现出的问题解决的备选方案丰富，决策者之间因不同价值取向而存在的冲突，进而导致政策结果难以估计。

邓恩（Dunn，2011）的政策分析方法对政策问题建构予以了极大的关注。源于此，学者大多认同其对于政策过程一般程序的划分是以政策问题为核心做出的。邓恩提出政策问题可以划分为三类：结构优良的问题、结构适度的问题和结构不良的问题。不同的政策问题在其决策者数量、备选方案数量等要素方面存在差异（见表 2－1）。

表 2－1 三类政策问题的结构差异

要素	问题的结构		
	结构优良	结构适度	结构不良
决策者	一位或数位	一位或数位	多位
备选方案	有限	有限	无限
效用（价值）	一致	一致	冲突
结果	确定性或风险	不确定	未知
效率	可计算	不可计算	不可计算

资料来源：［美］威廉·邓恩. 公共政策分析导论：第四版［M］. 谢明，等译. 北京：中国人民大学出版社，2011.

政策过程阶段论在政策科学的研究历程中有着积极而重要的意义：它对于政策过程的研究和实践都具有启迪性助益。正如帕森斯（Parsons，1995）所言，政策阶段论的优点之一是提供了能够把握现实多样性的一种系统的方法。每一政策阶段都与公共政策制定中的一个特别的部分相关。同时，在这样的部分的背景或环境之中，可以看到与之适应的各种特别的变量或方法。此外，这种阶段论的优点还体现在能够清晰地突出政策制定过程的动态性、连续性特点，并且将政策活动主体、具体政策环境和政策工具的选择等复杂关系有机地联系在一起。正因如此，政策过程阶段论是 20 世纪七八十年代在西方政策科学界居主流地位的理论模型，也是目前国内政策科学学者普遍采用的政策过程理论。但是，近 30 年来，这一理论模型受到学者的很多批评。概括来说，学者主张政策阶段论表现为一种"理性主义"，忽略了不同的政策阶段之间往往难以有效区分。

伴随着对政策阶段论的批评，一系列替代性的政策过程理论应运而生，例如倡议联盟框架（an advocacy coalition framework）、多源流分析框架（the multiple streams framework）、间断—平衡框架（punctuated equilibrium frame-work）以及政策过程的综合框架等。基于政策过程的视角的政策质量评价，有必要分析政策过程中涉及的多元利益主体或者不同联盟，并收集其对于政策质量的感知要素。作为主要用于分析十年乃至数十年间的政策变迁的理论框架，倡议联盟框架（an advocacy coalition approach）为本书提供了有益的理论支撑。倡议联盟框架由萨巴蒂尔（Sabatier）于20世纪80年代提出。倡议联盟框架主要用于分析十年乃至数十年间的政策变迁。该框架视政策变迁为两组外生变量以及政策子系统内部多个互为竞争的倡议联盟之间的互动三类因素（或过程）共同作用的产物。两组外生变量中，一组是在数十年的范围内相对稳定的变量①；另一组更加动态的变量则由社会经济条件变迁、系统内占统治地位的联盟的变迁以及政策决定等要素组成，这些因素是引发政策变迁的主要因素。政策子系统内部，往往存在若干个倡议联盟。共同的基本理念划定了一个倡议联盟的范围。倡议联盟框架特别关注以政策为导向的学习和倡议联盟的信念体系。以政策为导向的学习构成政策变迁的影响力之一。理解倡议联盟的信念体系是把握该框架的关键。该框架将信仰系统划分为三个层次：深层核心信仰、政策核心信仰和信仰的次要方面。倡议联盟框架提出后在政策过程研究领域得到了广泛的应用，并在应用的过程中得到修正。萨巴蒂尔和怀布尔（Sabatier and Weible, 2007）对倡议联盟框架的修正极大丰富了政策变迁的路径。但是，也有很多研究表明了倡议联盟框架的不足，例如一些学者质疑该框架未对联盟之间的区别加以关注，从而导致难以认定具体政策领域内更为重要的政策活动者。尽管存在着各方面的质疑，但倡议联盟框架业已成为最具影响力和发展潜力的新政策过程理论。倡议联盟框架在环境、卫生以及教育等不同的政策领域得到广泛的应用。国内学者对倡议联盟框架的研究与应用已经取得了阶段性的成果。但是，整体来看，对倡议联盟框架的应用还处于初步阶段，在政策领域以及具体的研究方法等方面还需要提升。

此外，尽管政策领域（领域）框架的研究者最初的注意力多集中于不同政策领域（类型）的特殊性对政策执行的影响。但是，政策过程理论研究的深入使学者认识到，作为政策过程的一个重要环节，政策评价也需要关照不同的政策领域（类型）的特殊方面。由于政策领域（类型）框架的拥趸者坚信不同类型的政策的独特性会对政策执行环节产生深刻的影响。于是，他们在寻求形成政策的类型学的基础上试图阐明那些影响具有不同特征的政策执行因素。鉴于在政策问题、政策目标等具体方面的差异，有必要就不同政策类型（领域）的质量评价的方法、标准等进行区分。塞弗里德（Seyfried, 2012）关注到高等教育和公共广播这两个政策领域的质量评价的方法论问

---

① 具体包括问题领域的基本特性、自然资源分布、根本的社会文化价值和社会结构等变量。

题。其结论是，这两个政策领域对于质量的定义、质量的测量和解释都存在差异。不过，通过高等教育与公共广播质量测量与评价的相互借鉴，可以提高对政策质量测量的认识，并对政策质量测量的方法和观点的发展提供机会。洛伊（Lowi，1972）在其《政策、政治与选择的四个系统》（*Four Systems of Policy*，*Politics and Choice*）一文中以"强制的可能性"和"强制发生影响的途径"为依据，提出了他的政策类型框架：分配政策、规制政策、构成性政策和再分配政策。这一理论为广大学者从政策特征的视角开展相应研究提供了起点，"它使研究者可以把政策过程看作一个整体，政策类型作为自变量，政策过程的特征作为因变量，从而为政策过程的定量分析提供了可能"（魏姝，2012）。瑞利和富兰克林（Ripley and Franklin）也特别关注到政策过程中政策类型的适用性。他们的政策类型划分及其相关研究涉及关于政策类型差异的重要问题。[①] 不同于传统分类方式以政策内容或政策主体为划分依据，从不同角度对政策进行分类的思想构成安德森政策学说体系的重要部分。根据政策性质的不同，安德森将政策分为实质性政策和程序性政策两类。此外，安德森还将政策划分为分配性、管制性、自我管制性和再分配性政策四类。如前所述，由于政策类型分析框架关照到不同政策领域的政策内容的独特性，因而对学者将政策类型与政策过程理论相结合而开展对政策过程中不同阶段的相关性研究甚至因果研究等提供了基点。

政策设计框架给予本书的理论支撑在于引导研究者对政策设计阶段的政策质量评价给予必要的关注。政策实施实际中出现的政策微效甚至政策失败，与政策设计中出现的问题和不足往往密切相关。霍格伍德和冈恩（Hogwood and Gunn）就曾指出，在政策设计阶段要给予执行中潜在的、可能出现的问题足够的重视，这对于最终成功的执行具有重要价值。基于这样的理论假设，他们聚焦于研究公共政策的实质性内容，以期对政策质量与政策过程的改善提供建议。对政策设计的全面研究可以追溯到 20 世纪 80 年代，代表人物主要有安妮·施奈德和海伦·英格兰姆（Anne Schneider and Helen Ingram）。这两位美国学者的贡献不仅在于对政策设计的内容体系的完整阐述。更进一步，他们在对政策设计的研究中融入社会建构的思想。社会建构强调主体间的沟通、协商和互动对于共识达成的重要意义。社会建构思想在政策设计中的重要价值在于强调了政策设计的本质：政策设计并非纯粹技术理性和工具

---

① 他们将政策划分为：分配性政策、竞争性规制政策、保护性规制政策和再分配政策。

理性的产物或现象，而是不同参与主体共同行动的结果。由此，为实现政策设计的优化，就必须将那些与政策设计相关的个体和组织及其所处的文化、社会环境因素考虑进来，注重多途径鼓励这些个体和组织积极参与政策设计活动。

自拉斯韦尔以其卓越才识开创公共政策学科及其研究以来，关于政策过程或政策阶段的模型框架可谓层出不穷，正如欧文·E. 休斯（Owen E. Hughes，1983）所言。除前面论述的几种具有代表性的政策过程分析框架外，还有文化理论、叙事政策框架以及政策过程的综合框架等政策过程理论。

国内学者对政策执行的探索始于 20 世纪 80 年代末期。经过近 30 年的积累，在引进、借鉴域外研究成果的基础上，"初步形成了具有本土色彩的表述方式，展现了政策执行过程的复杂性、动态性和冲突性"（定明捷，2014），取得了较为丰富的理论成果。陈振明（2003）构建了一个具有中国特色的政策分析的初步模型，"将政策分析的重点放在政策目标、问题界定和方案选择方面"。此外，一部分学者还就影响政策执行的多样化因素等做了积极的研究，识别了一些影响变量，例如政策类型、政策制定、政府组织间关系、政策执行结构及人员、制度环境以及政策工具等。

2.1.2　政策评估理论

政策评估是政策过程的关键环节，也是政策科学发展的内在需要与重要内容。不管是对政策预期效果的评价或判断，还是对政策执行有效性的总结，抑或是对政策继续、调整或终结的判定，都依赖于政策评估。政策评估的理论研究与实践推进随着政策科学的诞生与发展已走过近 70 年的历程。并且，随着政府职能和公共管理理念等的转变，政府和学界对政策评估重要性的认识日益深化。总结性评价和形成性评价（summative and formative evaluation）是政府部门最常采用的两种评价模式。前者也称为影响评价（impact evaluation），关注政策方案对不同的利益群体产生的影响和具体结果，并试图提供一个政策的影响的估计。后者也称为过程评价（process evaluation），关注的是政策方案或政策干预在何种条件下被实施（或实施微效甚至失败）。也即是说，过程评估更多致力于寻求政策成功或失败的影响因素和具体信息。

一般而言，政策评估包含了政策评估主体（组织或个人）对特定政策的各个方面（政策系统、政策过程、政策结果和政策价值等）所进行的各种监测和评价。正如陈振明（2015）主张，政策评估是指"政策评估主体根据一定的政策评估标准和程序，对政策系统、政策过程和政策结果的质量、效益、效果等方面进行评价或判断的一系列活动，其目的是改善公共政策系统，提高公共政策决策质量，保证政策目标实现"。细致分析学者对政策评估内涵的已有观点，依然存在不小的差异，总结而言，主要有以下四种具有代表性的主张。

一是主张政策评估应关注对政策方案的陈述和评价。代表性学者如利奇菲尔德（Lichfield）主张，政策评估用以"描述各种解决问题的方案，并陈述各种方案的优缺点"。"明确的目标和方法正是政府政策和项目的核心"（穆尔，2016），而政策方案是政策目标和政策工具的具体表达。此外，政策方案也是处理政策问题手段的表达。政策目标借由政策方案如何被决策者加以界定是政策分析学者十分关注的问题。一方面，政策目标的明确性和政策方案的有效性是确保政策问题得以解决、政策设计实现预期效果的保障；另一方面，政策方案还必须具有可行性，也就是说能够在具体的政策环境中得到执行，转化为有效的、具体的政策行动。这一主张将政策评估与政策问题建构等政策制定过程有机衔接起来。因为，政策方案的形成基于识别通过政策需要解决的问题，并聚焦于解决特定的政策问题。邓恩也认为，政策评估是"用多种质询和辩论的方法来产生和形成与政策相关的问题，使之可用于解决特定政治背景下的公共问题"。作为政策过程的关键环节，政策方案的优劣，对政策问题建构的合理与否，都在一定程度上比政策执行更为重要。因而此种主张强调对不同政策方案优缺点的论证，本质而言是对政策方案合理性和可行性等方面的评价。有学者开展了廉政政策质量评估，并定义政策质量为政策制定质量，主要是政策文本，包括结构、逻辑、用语、体例、规范等，而将执行质量剔除在外（庄德水，2013）。

二是主张政策评估应落脚于对政策误差的厘清与修正。朱志宏（1995）主张，"就一项公共政策而言，发现误差、修正误差就是政策评价"。政策科学研究者都曾深刻地意识到，在政策实施中，目标置换、福利依赖、政策微效与偏差以及政策满意度低下等问题总是层出不穷。这既受到政策方案本身合理程度的影响，也与政策执行的有效性直接相关。里普利和富兰克林基于其政策划分，对不同类型的执行中的偏差和冲突进行了分析，提出不同政策类型的执行往往体现出不同的冲突情况和执行偏差。由于再分配政策往往涉及重大利益、权力的重新配置，因而在其政策方案形成环节，不同的政策意见之间就已经频繁发生激烈的冲突与争论。在其执行过程中，冲突和争论甚至质疑和反对的情况依旧存在，即便是合法化后的政策方案，在执行的环节还是面临着复杂而困难的局面，利益相关者之间的博弈随处可见。既有利益的拥有者出于对自身利益的保护更易形成利益结盟，联盟之间的互动则往往导致政策执行偏差、政策微效甚至政策失败。这种体现在再分配政策中的冲突和执行难情形，比竞争性政策的要明显严重。主张政策评估应落脚于对政策误差的厘清与修正，正是出于对政策偏差问题的重视。

三是主张政策评估应关注于政策实施之后的效果，关注于政策目标的实现程度和影响政策效果的具体因素。"政策评价就是对政策的效果进行研究"（张金马，1992）。查尔斯·琼斯（Charles Jones）也主张，政策评估是"对政府项目的好坏进行的判断，以决定其所欲解决的公共问题是否已经发生有益的变化"。政策是以解决各种公共问题和冲突、维护和实现公共利益为价值取向的。政策是否有效地达到预定的政策目标，政策目标实现程度和政策功能发挥程度究竟如何，都需要通过政策实施效果加以体现。好的政策方案、政策设计，不一定必然产生好的政策效果。正因如此，政策制定者和政策评估者往往对政策实施的实际结果更感兴趣，特别是政策实施的非预期结果或负面效果。因此，关注政策目标的实现程度和影响政策效果的具体因素，成为政策评估的重要内容。目标自由评估（goals-free evaluation，GFE）就是关注于政策方案的实际效果和价值，而不太关心政策的预期目标或政策设计的具体内容。这一评估的必要性在于能够通过对政策实施的积极效果和消极效果的测度，更好地从政策成本与收益相对平衡的角度提升政策质量。

四是从政策过程的视角出发，主张政策评估是对政策全过程的评价。因而不仅涉及对政策问题建构和政策方案的评价，也包括对政策执行以及政策结果等政策环节的评价。"政策评估采用一系列的研究方法，系统探讨政策干预的有效性以及实施过程，并根据其在改善不同利益相关者的社会和经济条件方面的作用确定其贡献和价值"（Treasury，2023）。针对社会政策评估，有学者主张应"评价社会福利政策全过程，既包括评价政策方案，还强调对政策执行以及政策效果的评价"（王云斌，2014）。政策过程的视角和思维方式是研究所有政策科学问题的出发点（朱德米，2015）。这一主张将政策评价与政策过程有机衔接，将以政策评价、政策过程的理论视野，系统地关注政策是如何制定、执行和维护的。

本书基于政策过程和政策类型框架，关注欠发达地区农村低保政策质量评价，对政策评估的内涵持上述第四种观点，主张不仅应该关注政策问题建构和政策设计、政策方案，而且应关注于政策过程质量和政策结果质量的评价。

出于社会实践和理论研究的双重需要，政策评估在西方发达国家率先兴起，至今历经了关注效果的政策评估、使用取向的政策评估、批判的政策评估和建构主义取向的政策评估四个主要的发展阶段，其理论和方法得到不断创新。关注效果的政策评估构成政策评估发展的最初阶段。这一阶段的政策评估对政策结果和政策效用有所忽视。20 世纪 70 年代，使用取向的评估转向对政策评估结果的关注和分析利用。这一时期，帕顿（Patton）提出了以利用为中心的评估过程、评估核心和评估前提，戈尔顿波格（Goldenberg）强调政策评估是"通过关于政策效果的评价来改进政策"，表征了政策评估理论的新发展（吴锡乱和金荣抨，2004）。批判性评估注意到之前的政策评估过于强调政策效率而忽视民众切实的政策需求的问题，转而关注和强调政策价值，即政策所体现的社会公平、公正问题。这一时期，以罗尔斯（Rawls）的《正义论》（*A Theory of Justice*）为标杆，政策的合理性、正当性等问题得到学者广泛而深入的讨论。以库巴（Guba）和林肯（Lincoln）为代表的建构主义取向的政策评估，其关注点在政策评估过程中的多元需求与互动，体现为"综合了对政策效率、政策公正性的共同关注，以及多种评估技术和方法运用的综合性评估"（李瑛等，2006）。整体而言，前三代的政策评估秉持"事实—价值两分法"的基本原则，回避政策评价中的价值判断，而受到学者较多的批评和质疑。第四代评估则由于其事实与价值相结合，以及对政策过程中的多元利益主体需求的重视和回应等方面的突出特征而逐渐成为政策评估的主流选择。

从对政策评估历史发展阶段的分析可以看出，政策评估的含义可以从政策过程阶段的角度加以理解。具体而言，有三个相异的主张：事前评估、全过程评估和政策效果评估。事前评估发生在政策执行之前，是对政策执行及其结果的预测性评估，其重点聚焦在政策可行性和政策效果。全过程评估强调政策评估应是对政策全过程的评价，因而包含事前、事中和事后评估等在内。政策效果评估则着眼于政策执行之后的实施效果。这一理解与学者对政策评估不同观点相对应，体现出对政策评估研究的多样性和政策评估对象本身的多样化。这也客观上促成了政策评估主体的多样化。立法机关、司法机关、政府部门，以及传媒界、政策研究机构、政策研究学者和政策利益相关者等都是政策评估的主体。由评估主体作为分类依据，政策评估由此也可分为内部评估和外部评估。

除去从政策过程阶段的角度之外，还可以从方法论的角度对政策评估加以界定。于是，政策评估还可以区分为实证主义的政策评估，以及后实证主义的政策评估。前者也被学者称为事实评估，对应地，后者也被定义为价值评估。实证主义的政策评估受到当时社会科学领域占据主流地位的实证主义哲学的影响，秉持价值中立的原则，坚持工具理性和技术理性，以成本收益分析、投入产出分析和绩效测量等方法为主，试图通过测量政策实施中的能够加以定量评估的相关变量，来判断政策的实施达成预期政策目标的程度和政策的有效性。尽管直至 20 世纪 70 年代，实证主义的政策评估依旧占据政策评估的主流，但同时其对政策价值分配功能的忽视，以及过度依赖政策制定主体和评估专家权威而忽视多元利益主体的倾向也遭受了诸多的批评。后实证主义政策评估则强调事实与价值的集合，将价值判断纳入政策评估的各个阶段，极力倡导解释性与批判性的研究，并由此十分关注政策评估过程中的参与、互动和建构，对话、沟通和协商。的确，正如古贝（2008）等所言，"价值是评估这个术语真正的根基"。费希尔（Fischer）的卓越努力使一种新的更加全面的政策评估理论在 21 世纪初呈现在人们面前。他强调将事实与价值结合起来进行政策评估的多种方法论框架结构。他主张，公共政策评估"除了项目验证等技术性的分析之外，还应从组织情景、组织理念、问题情景、社会目标、社会基本价值理念等方面对公共政策进行分析和评价，强调复述、分析、批判、再复述、再分析等不断的辩证评价"（孙悦和麻宝斌，2013）。这无疑十分有益于准确理解政策评估的本质。一方面，政策评估应包括对政策实施情况的客观测定；另一方面，政策评估还应包括对既定政策的各种价值判断。

政策评估自然离不开评估标准、评估过程和具体方法与模式。关于评估标准这方面，学者也开展了较多的研究，相关情况在文献回顾与述评部分将做较详细的交代。就政策评估的过程而言，典型阶段包含了准备阶段（评估对象和具体评估内容的确定、评估方案的制定、遴选和培训评估工作人员、评估方法选择等）、实施阶段（信息收集、信息分析与处理、评估）和结束阶段（评估报告形成、评估工作总结等）。学者对政策评估的模式与方法的研究取得了丰富的成果。瑞典学者韦唐（Vedung）归纳出 10 种评估模型，包括专业模型（同行评议）、经济模型（生产率模型、成本—效果模型、成本—收益模型）和效果模型（目标获取模型、侧面影响模型、自由评估模型、综合评估模型、用户向导模型、相关利益人模型），成为政策评估领域比较有影响且应用广泛的评估模式。豪斯将政策评估方法划分成八个类型，即"系统分析、行为目标、决策制定、无目标、技术评论、专业总结、准法律和案例研究"（高兴武，2008）。帕顿和沙维奇主张，政策评估的主要方法包含政策前后比较、有无政策比较、实际与规划比较、实验（控制）模型、准实验模型和成本发放六种。邓恩则区分了伪评价、正式评价和决策理论评价这三种政策评估方式，并对这些评价方式及其目标、假设和主要形式进行了说明。总而言之，就政策评价的研究历史来看，定性和定量的方法、实验和非实验的设计、描述性和经验性的方法，以及经济评价方法（economic evaluation methods）、基于理论的方法（theory based approaches）等都占据了一席之地。可以说，不存在单一的政策评价的"特权"方法，承认不同方法的互补性，基于实质性政策类型（领域）和具体的政策问题而选择适宜的政策评价方法才是正确而必要的选择。

2.2　文献回顾与述评

质量，是一个耳熟能详却又十分复杂的概念。同时，质量也是一个可争论的概念（contestable concept）。正如里夫斯和贝德纳尔（Reeves and Bednar, 1993）所言，对质量的普遍定义却产生了不一致的结果。一个普适性的质量定义或许是不存在的；相反，对质量的不同定义往往适用于不同的使用情境。

质量最初在私人部门和工商业领域得到广泛关注。在对产品质量和服务质量的持续研究中，质量的内涵得到不断的丰富。尽管在公共政策领域，政策质量的研究起步较晚，但事实上公共政策质量一直或隐或现地存在于政策科学研究的全过程中。特别是随着全面质量管理理论的流行，学者在修正并将全面质量管理的理论和方法引入公共部门方面付出了大量的努力。本书从质量内涵的演进、政策质量的影响因素与测量，以及政策质量的管理和提升等方面综述质量在公共部门的发展，并就农村低保政策供给与质量管理的有关研究进行论述。

2.2.1　政策质量的内涵与演进

2.2.1.1　私人部门质量概念的内涵与演进

回顾质量概念在私人部门的内涵演进与变迁，对于正确理解公共领域的质量概念不无必要。一般意义上，人们习惯于用某一实体的具体特性（标准）满足使用对象需求的程度来定义质量的内涵。国家标准（GB/T19000 - 2008；ISO9000：2005）就定义质量为：一组固有特性满足要求的程度。从顾客的角度定义，质量则体现为顾客对一个产品（包括相关的服务）满足其需求程度的度量。朱兰主张，质量一词具有多重含义，其中非常重要的有两点：一是能够满足顾客的需要从而使顾客满意的产品特性；二是免于不良（没有导致顾客不满、顾客投诉的差错）。这两点也揭示出，质量既是收益导向的，也是成本导向的。

随着社会经济发展环境的变化和对质量本身的认知深化，私人部门的质量概念大致经历了"符合性质量—适用性质量—符合顾客需求的质量—寻求顾客最大满意度的质量"四个深化拓展的阶段（见表 2 - 2）。

表 2 - 2　　　　　　　　　　私人部门质量概念的阶段演变

阶段	符合性	适用性	符合顾客需求	寻求顾客最大满意度
时间	20 世纪四五十年代	20 世纪五六十年代	20 世纪 60 ~ 80 年代	20 世纪 80 年代至今
质量定义	与特定规范和标准的一致性	适合使用	与顾客需求的一致性	符合顾客最大满意度
质量管理体系	检验质量管理统计质量控制	面向特定系统的质量保证	全企业质量控制	全面质量管理
衡量参数	最终产品	产品开发过程	顾客需求	顾客期望
质量工具	标准化统计学方法	原因分析	质量保障功能部署	持续改进
质量视角	企业内部	企业外部	企业内外部	生产、供应商、客户和竞争者导向
质量测量	客观	主观	主观	主/客观
评估模式	第三方评估	第三方评估	自我评估	自我评估第三方评估

符合性质量强调依据既定标准对产品、工艺程序等评价对象是否合格做出判断。质量被界定为"符合要求"（conformance to requirements）（Crosby，1979）。其对质量的管理是依赖检验质量管理和统计质量管理，杜绝不合格产品进入市场，并以不合格产品的比例来衡量生产质量。由于关注于最终产品符合技术特性的程度，学者主张其属于事后检验。

适用性质量的概念在 20 世纪 50 年代环境条件改变的情况下应运而生。当时，相较于对组织内部系统的关注，企业"必须更加关注于外部环境"（Walsh，1991）。对于质量的定义也由此转向"适合使用"（fitness for use）（Juran，1979），意味着满足各种顾客的目标。企业关注的焦点也不再是最终产品，而是产品的生产过程。适用性质量的概念强调了顾客导向的重要性。

符合顾客需求的质量，恰如菲根堡姆所主张，表现为"产品和服务通过在市场营销、工程、制造、维护的各个方面综合的特性来满足顾客多变的要求和多元的期望"（沈云交，2007）。朱兰（Juran，2003）主张，质量来源于顾客的需求。他对质量的定义是"那些能够满足顾客需求，从而使顾客感到满意的产品的特性"。符合顾客需求的质量概念强调客户顾客导向。这些顾客不仅包含外部的，而且包含企业内部的客户，因而整个公司可以被理解为一个客户关系网络。所有的管理工作都需要集中在客户需要的满足上面（Elke Löffler，2001）。

近年来，寻求顾客最大满意度的质量概念得到越来越多的学者和实践领域专家的认同，这一概念强调组织的"质量系统在追求卓越绩效的质量经营活动中所表现出的整体性系统功能属性"（章帆和韩福荣，2005）。最先提出全面质量管理思想的费根堡姆指出，质量是对公司范围内全过程的管理，质量由顾客来评价。他还主张，由于质量"通过多方面因素综合确定"，而且"顾客的要求和期望是多变的"，所以质量是一个多维的动态的概念。

整体而言，私人部门对质量概念的关注，集中表现在对产品质量（product quality）和服务质量（service quality）的深入有效的研究上。梳理关于服务质量的研究文献不难发现，学者大多主张不同的对象对服务质量拥有不同的理解，服务质量是一个多维的概念（Bolton and Drew，1991）。从服务质量的维度来看，包含技术、功能和企业形象等（Lweis，1993）。作为国际公认的质量保证标准，ISO9000 的不同版本也给质量进行了定义。就其 2015 版来看，质量可以理解为组织所倡导的一种能够影响组织行为、态度、活动和过程的企业文化，这种企业文化强调通过满足顾客和其他相关方的需求和期望创造企业价值。该版进一步提出，组织的产品质量和服务质量取决于满足顾客的能力以及对相关方预期或非预期的影响。因此，产品质量和服务质量不仅包括产品或服务的预期功能或性能，还涉及顾客对其价值和利益的感知。

众多学者的研究表明，结果质量和过程质量共同构成服务质量的基本维度。自1982年格罗鲁斯（Christian Gronroos）将服务质量区分为结果质量与过程质量以来，不少学者对结果质量与过程质量两个因素的关系等进行了探讨。格罗鲁斯与厄尔·萨塞（Christian Gronroos and Earl Sasser）等主张，服务质量不仅涉及服务的结果（技术质量或结果质量），也包括提供服务的方式（功能质量、过程质量或交互质量）。1985年，帕拉苏拉曼（Parasuraman，1985）等基于对12个由顾客构成的焦点小组的研究资料，提出顾客对服务质量的感知取决于用户所感知的服务水平与用户所期望的服务水平之间的差别程度，共包含10个维度：可靠性、反应性、胜任性、接近性、礼貌性、沟通性、信用性、安全性、了解性和有形性（Calvert，1997）。基于进一步的研究，他们于1988年将最初的10个维度减至5个，分别是：有形性、可靠性、响应速度、信任和移情作用（Calvert，1997）。苏雷什昌达（Sureshchandar，2002）等提出服务质量可以从核心服务或服务产品、提供服务的人的因素、系统因素、有形因素和社会责任五个维度来评价。近几十年来，大量的服务质量研究致力于服务质量测度的发展。SERVQUAL量表被广泛地应用于行业管理和学术研究，成为一个广泛使用的服务质量测量的有效工具（Buttle，1996）。针对原初的SERVQUAL量表，学者在修正、调整的基础上提出了至少30多个特定行业的服务质量测量的量表（Saleh and Ryan，1991；Vandamme and Leunis，1993；Jabnoun and Khalifa，2005；Akbaba，2006；Caro and Garcia，2007）。

在数据质量、软件产品质量和企业信息安全政策等研究领域，质量概念也得到普遍的运用。在数据质量方面，广泛的研究识别了数据质量的几个关键属性：准确性、及时性、可靠性、完整性、可访问性和相关性等（Zmud，Lind and Young，1990；Kriebel，1979；Bailey and Pearson，1983）。丹尼尔·L. 穆迪和格雷姆·G. 尚克斯（Daniel L. Moody and Graeme G. Shanks，2002）从完整性、正确性、集成性、简易性、适应性、可理解性和可执行性等方面构建了数据质量模型。林德兰和辛德尔（Lindland and Sindre，1994）等则从语法、语义和语用学的角度将数据质量划分为三个维度，具体包含了同质化、显性化、规则简单、规则一致、查询简单和稳定性等评估标准。萨米拉·切菲（Samira Si - Said Cherfi，2002）等在借鉴前人研究成果的基础上，从规则（specification）、使用（usage）和实施（implementation）三个维度提出了数据质量框架。其中，规则维度包含易读性、可表达性、简易性和正确性等指标，使用维度包括完整性和可理解性等指标，实施维度则包括了可执行性和可维护性两个指标。吉尼罗（Genero）等提出了包含可理解性、易读性、简单性、分析性、可修改性、稳定性和可测性等指标在内的一套评价指标。梅纳德与瑞格哈弗（Maynard and Ruighaver）基于案例研究提出了评估安全政策质量的初步框架，包含功能性（functionality）、可靠性（reliability）、可用性（usability）、有效性（efficiency）、可维护（持续）性（maintainability）和可移植性（rortability）。

回顾私人部门质量管理，特别是全面质量管理的有关文献可以发现，学者通常对产品质量（product quality）和过程质量（process quality）加以区别使用。阿塞诺瓦和约翰内松（Assenova and Johannesson，1996）认为，产品的质量主要集中在产品本身的特点。其质量管理与改进的方法是对成品进行检查、找出存在的缺陷并加以改正。戴明（Deming，1986）则主张过程质量关注于生产过程的具体特性，其强调的重点在于缺陷预防而不是检测，因而过程质量管理旨在减少对大规模检查的依赖，以此作为质量实现的途径。在数据质量领域，关于产品质量和过程质量的区分同样存在。产品质量关涉数据模型本身的特点和属性，而过程质量涉及数据模型如何得以开发（Daniel L. Moody and Graeme G. Shanks，2002）。

2.2.1.2　公共部门的质量概念

学者在修正并将全面质量管理的理论和方法引入公共部门领域方面付出了大量的努力。有学者主张，长期以来，对公共政策和服务质量的评价一直是平行的实践和学科，几乎没有或根本没有联系。评估人员和质量专家一直在不同的"世界"运作，形成分离的"实践社区"（Feinstein and Osvaldo，2010）。事实上，尽管全面质量管理被视为公共部门质量管理的一个新的工具，但正如埃尔克（Elke Löffler，2001）所言，这并不意味着之前的公共管理不是质量导向的。相反，"质量一直在公共管理中扮演着重要的作用，只是其内涵与意义随着时间的推进而不断发生改变"。

尽管如此，在私人部门的质量概念是否能够以某种有意义的方式转移到公共部门的问题上，一直存在许多争论。持认同意见的学者主张，不管是诸如大型企业这类民营单位，还是各类政府组织，都面临着类似的问题，因而对于质量的关注和管理是一致的。持反对意见的学者则强调，私人部门和公共部门运行在各自不同的框架条件下（Halachmi，1995）。时至今日，这样的争辩意义似乎不再明显。由于政府服务外包等情形的普遍存在，公共服务由公共、私人和志愿组织共同提供的情形越来越常见，公私部门两分模式在很大程度上不再存在。新公共管理下的行政管理改革也创新了一系列公私合营的组织形式。并且，"带有竞争性的外包方式不仅简化了政府的职能，同时也减少了提供的成本，提高了提供的质量"（竺乾威，2015）。因此，公共部门、私人部门和志愿部门之间的边界变得越来越模糊。

贝尔特拉米（Beltrami，1992）在探究公共部门质量管理时提出了公共部门质量概念演进的三个阶段：标准和程序意义上的质量、有效性意义上的质量和客户满意度意义的质量。作为标准和程序意义上的公共管理对应的质量，其内涵与质量的早期概念相一致，即技术符合规范、标准。20 世纪 60 年代末，目标管理在公共行政中的普及促使公共管理对应的质量的含义发生了变化。公共领域的质量仍然包括没有错误（缺陷），但也开始将质量的概念与目的/产品/服务相结合，强调有效性，以及适合使用。20 世纪 80 年代初，私人部门全面质量管理的概念被移植到北美洲和西欧的公共部门，顾客满意程度成为公共领域质量管理和提升的参照系。

尽管质量概念从私人部门引入公共部门并在内涵上进行了演进和拓展。而且，不同的公共部门和机构实施全面质量管理的实践也表明，源自私人部门的质量概念在公共机构中能够得到良好的运作。但在大多数情况下，评估和确保产品质量的质量管理系统不足以完全适用于评估公共部门服务质量（Zeithaml，Parasuraman and Berry，1990）。根据帕拉苏拉曼等的研究，这种不足源于公共服务和商品之间在三个方面的基本差异：服务更加具有无形性，因而很难通过制定明晰的规范来衡量其质量；具有高劳动含量的服务是异质的；许多公共服务的生产和消费是不可分割的（Parasuraman et al.，1990）。

20 世纪 80 年代开始，受企业质量管理理论与实践的影响，世界各国，尤其是西方国家关于公共部门和公共领域质量管理与提升的实践浪潮渐趋涌起。相应地，公共管理领域的学者也广泛开展了公共部门和公共领域质量管理与提升的相应研究。可以说，这方面的研究俨然成为公共管理研究领域的一个新焦点。许多学者尝试寻找合理的公共服务质量评估方法，使之不仅能够识别不同利益相关者对公共服务质量的感知和观点，而且能够捕捉到公共服务质量的各个维度。这方面的众多研究表明，依赖单一的质量维度对公共服务质量进行管理和评估是充满风险的：首先，它创造了一个不透明的维度，因为质量的不同维度是隐藏的。其次，它也允许维度之间进行补偿。例如，客户服务可以与产品的其他特性进行交易。于是，秉持质量多维的观点，对于公共服务质量评估而言显得更为迫切和有意义。里佩尔和梅恩（Rieper and Mayne）提出分析公共服务质量的三个层次："服务交易和输送结果的微观质量；政策目标影响的服务效能的中观质量；公平和平等理念促进公共产品目标实现的公共价值的宏观质量"。李承圭和李俊英（Seung-Kyu Rhee and June-Young Rha）从过程质量（process quality）、结果质量（outcome quality）、设计质量（design quality）和关系质量（relationship quality）四个维度提出了公共服务质量评估模型。设计质量指的是公共政策或服务在政策制定或服务设计阶段的质量，过程质量指的是顾客在服务过程中所感知的质量，结果质量指的是客户在服务过程完成之后就其结果所感知的质量，关系质量指的是在服务交付过程中双方之间关系的融洽程度和政策氛围。卡尔森和施瓦茨（Carlson and Schwarz）等则从便利（convenience）、保障（security）、可靠性（reliability）、个人关注（personal attention）、解决问题的途径（problem-solving approach）、公正（fairness）、财政责任（fiscal responsibilities）以及公民影响（citizen influence）等维度提出了公共服务质量的评估体系。

"在实际运用中，依照评价服务的着眼点不同，评价公共服务质量的方法主要有两类：公众评价模式（公民满意度调查）和专业评价模式"（陈振明和耿旭，2014）。随着研究的深入，一些公共服务绩效评价模型与方法的研究成果面世并投入实际运用。常见的模型和方法包括公共服务与治理的分析框架（world bank）、顾客满意度指数（CSI）、数据包络分析（data envelopment analysis，DEA）、平衡计分卡（balanced score card）、公共服务改进框架（public service improvement framework）等。

2.2.1.3　公共政策质量的内涵

尽管诸如政策执行质量、政策运行质量、政策制定质量以及决策质量等之类的概念，在政策科学的研究文献中屡见不鲜，但政策质量却是一个尚未在学术领域得到深入研究并形成一致界定的复杂概念。尽管缺乏一致的界定，但政策质量一词却是学者经常使用的一个概念，并且将其与政策价值、政策透明度、政策效果等密切相连。遗憾的是，对于政策质量概念的使用，缺乏严谨性和科学性。这种对政策质量概念随意加以使用的情形，也是导致目前学术界关于政策质量的研究缺乏清晰的理论视野、研究水平参差不齐、研究结论矛盾冲突、研究成果严重碎片化的主要原因。

纵观已有研究，对政策质量内涵的界定体现为四个路径。其一，主张政策质量是对政策好坏程度的主观价值判断。一些学者参考《辞海》中对"质量"一词的界定，将"政策质量"定义为公共政策的好坏程度。主张政策质量是多元评价主体对政策本身好坏程度的价值判断。其二，将政策质量与政策的成本收益内在联结，以政策实施的成本收益来审视政策质量。秦德君（2007）提出，从成本—收益的角度来看，政策质量决定着政策的运行与交易成本，也决定着各种社会损耗，因而要从政策产出的视角，通过对政策制定技术流程的优化来提高公共政策质量。其三，重视政策价值合法性和政策效率对于政策质量的意义，用政策的合法性和政策的效率来衡量政策质量。曹堂哲和张再林（2005）明确提出，"公共政策质量，概括地讲，就是公共政策价值的合法性和公共政策效率的合理性"。其四，从政策的合理性、可行性和利益相关者诉求满足程度来定义政策质量。范柏乃、张茜蓉（2015）在借鉴学者已有研究的基础上，提出了政策质量内涵的三个维度：合理性、可行性和利益相关者诉求满足程度。陈蔚萱（2009）提出，衡量政策质量的基本评价项，"一是决策是否科学合理、政策是否符合民情民意；二是政策是否具有明确的目标和相对具体的内容"。

由于质量概念本身的复杂性，对公共政策质量内涵的界定可谓仁者见仁、智者见智。往往，学者将政策质量与政策有效性等同。事实上，政策质量涉及的是政策方案、政策执行安排、政策实施过程以及政策运行相关的资源投入水平，政策质量就内嵌于这些投入和过程之中。政策的有效性则更多地关注政策产出。此外，有些学者将其纳入政策过程的视野之中。梅纳德和瑞格哈佛（2008）提出，政策质量体现为政策是如何制定、执行和维护的。也就是说，政策质量不仅表现为政策制定本身的质量，还包含政策执行质量，以及政策结果质量。斯卡塔西尼、施泰因、托马西（Scartascini, Stein and Tommasi, 2009）提出，公共政策质量"取决于每一个政府有能力采取跨期交易来制定和维持有效的政策"。他们认为，公共政策质量不仅包括有效的政策制定，也包括有效的政策维持以及政策的效率和回应性。他们提出了稳定性、适应性、一致性和协调性等六个政策质量的评价标准。他们还强调指出，当决策者有足够能力制定和维持有效政策的时候，例如稳定性、适应性和一致性等具备高质量特性的政策就会产生。以上界定和私人部门、ISO 组织关于产品质量的界定存在相似之处，主张质量不仅体现为过程质量，也包含了结果质量。

政策质量首先与政策制定内在联结。这一意义上，政策质量无疑对政策过程的其他各个阶段有着重要的影响：它不仅对成功的政策执行至关重要，也成为政策评估的重要标准。政策制定也可以看作由不同阶段构成的政策系统循环，这一意义上，政策制定就是政策过程。萨巴蒂尔（2004）就明确指出，"公共政策的制定包括：界定问题，将其提交给政府，由政府寻求解决的途径；政府组织形成若干备选方案，并选择政策方案；方案得以实施、评估和修正"。这启发我们，对于政策质量的研究要超越传统政策科学"自上而下"研究途径将政策制定视作由"上层规划和制定"而由"下层行政官员或职员执行"的主张，置其于政策过程的理论视角下，将政策制定、政策执行以及政策评估等结合起来。国内学者对于政策质量的关注也较多。早在1995 年，陈振明教授就通过对市场经济条件下的政府决策行为的研究，提出要通过改善公共决策系统来提高公共政策质量的主张。徐家良（2004）就社会团体参与政策制定过程的作用及意义做了深入的研究，丰富了对政策多元主体、政策利益相关者参与政策制定、提升政策质量的理论研究。威廉·邓恩（2011）等学者将政策制定看作以问题为中心的政策分析，是一种"包括政治、心理和文化因素的社会过程"。好的政策分析有可能产生更好的政策，而好的政策分析则体现在问题建构、预测政策结果、提供政策建议等政策分析的基本过程。由此，政策制定受到特定的政治、经济、文化甚至政策利益者行为模式的影响。正是在这一意义上，对政策质量的评价就不能不关注政策制定过程中的具体参与者以及其对政策性质的识别和对影响政策目标的可能因素的认识。政策制定过程中的冲突往往是不同政策参与者或政策团体对该政策类型所内涵价值的不同主张。就农村最低生活保障政策而言，其所体现的解决农村贫困群体基本生活问题、实现社会和谐发展的伦理属性和基本生存权人人平等、国家须对民生负责的基本原则，要求其制定过程需要从政治伦理、政策立场与观点的角度正确地辨析政策问题、确定政策目标。

政策执行与政策质量关系密切。一项政策尽管可以很好地制定、合法化，但如果它没有得到很好的执行，就完全无效。在一些国家，政策执行质量不佳，这与政府能力的缺失紧密相关。而政策执行质量的高低则取决于政策制定者在何种程度上激励和投资于这种政策能力的提升（Cox and Mc Cubbins，2001）。这一观点将政策制定和政策执行联结起来，并共同指向政策结果质量。也就是说，在政策设计或政策制定阶段，就必须对政策执行做出规划，对政策执行所必需的资源投入进行明确。有学者关于塞内加尔农村教育政策的研究也证实，教育政策质量和政策目标设计、政策实施关系密切，"教育的结果不仅取决于政策本身的质量和制度框架，也取决于这些政策和制度在地方和学校层面的有效实施"（Takako et al.，2016）。丁煌和汪霞（2014）对政策执行力的重要性进行了深入论述，认为其是"决定政策执行合理有效的核心要素，是衡量政策运行质量的重要因素"。丁煌等学者以政策目标共识、学习与成长、政策执行流程等为测评维度，提出了地方政府公共政策执行力测评指标体系，其主要维度是：政策目标共识、政策学习与成长、政策执行流程和政策执行成效。测量的指标层包括了 28 项具体指标（丁煌和梁满艳，2014）。此外，对于政策执行的研究，丁煌和汪霞（2014）还关注到几个独特的方面：一是有学者探讨了"关系运作"对地方政府政策执行力的负面影响，主要有"侵蚀政策执行制度的权威性和公信力、破坏正常的政策执行机制、扭曲政策执行应有的社会心理基础、异化政策执行者的职责和加剧政策资源的分配不公"；二是提出不同政策类型的执行往往体现出不同的冲突情况和执行偏差。里普利和富兰克林基于其政策划分，对不同类型的执行中的偏差和冲突进行了分析。由于再分配政策往往涉及重大利益、权力的重新配置，因而在其政策方案形成环节，不同的政策意见之间就已经频繁发生激烈的冲突与争论。在其执行过程中，冲突和争论甚至质疑和反对的情况依旧存在，即便是合法化后的政策方案，在执行的环节还是面临着复杂而困难的局面，利益相关者之间的博弈随处可见。既有利益的拥有者出于对自身利益的保护更易形成利益结盟，联盟之间的互动则往往导致政策执行偏差、政策微效甚至政策失败。这种体现在再分配政策中的冲突和执行难情形，比竞争性政策的要明显严重。

政策质量的高低最终要由政策实施的结果来评判，因而其对整个政策质量测量起着极其重要的作用。关于政策结果质量的研究，较多地集中在对政策效益、效率与回应性的探究方面。政策效益指政策目标、政策意图实现的程度，它强调的是结果，而不是投入。政策的效率性体现在政策方案完成所需时间和资源等方面具有相对经济性，政策使资源得到科学合理的分配，以及所投入的公共资金的支出不受浪费。政策能够在有效时间、合理经费和技术保障下得到较好的执行。回应性指政策结果对于特定群体需求、价值和机会的满足程度。结果质量在公共服务质量的研究中呈现了丰富的成果。SERVQUAL 量表和 SERVPERF 量表被认为是两个最受欢迎的服务质量评估模型。但是学者也指出，这两个量表却都不足以全面地捕捉服务质量内涵，因为这两个量表都仅仅关注于过程质量维度，但对结果质量缺少考量（Baker and Lamb，1993；Richard and Allaway，1993）。格朗鲁斯（Gronroos，1982）指出，结果质量是服务交付之后顾客之所得，其实际意义取决于服务。其内容包括顾客从服务交付中的实际所得，或者说服务提供者究竟给顾客传递了什么样的结果。一些学者的研究支持了以下结论：服务质量评估不仅应包括过程质量，也应包括结果质量（Mangold and Babakus；1991；Richard and Allaway，1993）。此外，众多的研究还得出一致结论：结果质量对公众满意度具有显著影响（Brady and Cronin，2001；Dabholkar and Overby，2005；Powpaka，1996）。萨马特·波帕卡（Samart Powpaka，1996）关于结果质量的研究得出以下结论：结果质量是整体服务质量评估的决定性因素。布雷迪和克罗宁（Brady and Cronin，2001）的研究更进一步，他们以等待时间、有形性和效价（valence）为结果质量的属性维度，提出了一个分层的服务质量评估模型。

2.2.2　政策质量的影响因素与评价

2.2.2.1　政策质量影响因素

政策质量的影响要素是多元的。政策问题建构、政策制定的环境与机制、信息与技术以及政策行动者都对政策质量产生影响。科恩、马奇和奥尔森（Cohen，March and Olsen）提出垃圾桶模型来解释组织中政策制定的过程，"有组织的无政府状态"下技术不清晰、偏好选择存在问题、人员流动性以及管理时间而不是管理任务等特征使政策制定受到结构性因素和个体行动的共同影响。（王云斌，2014）针对社会福利政策的研究也揭示出，制度环境、制定规则、信息资源、协同合作、政策主体和国家资源六个方面是影响社会福利政策质量的主要因素。林闽钢（2017）基于我国 30 年来社会保障体系建设的实际提出，"社会保障收入再分配的正负作用取决于制度模式、覆盖范围、制度设计、制度转轨、管理服务等相关影响因素"。还有学者的研究揭示出，政府部门的质量（能力）可能是宏观经济政策的重要结构性决定因素（Chong-En Bai and Shang-Jin Wei，2001）。

政策问题建构对保证政策质量具有基础性作用。政策问题建构被作为政策过程的第一个阶段而得到学者广泛的关注。布鲁尔、德隆等学者主张，作为政策循环的第一阶段，政策问题建构对于其后进行的备选方案的形成、权威当局的政策选择，以及政策执行、评估等都具有基础性作用（Brewer and Deleon，1983）。张康之和向玉琼（2016）对政策问题建构的重要性也多有论述，"政策问题建构是把社会问题转化为政策问题的过程，是政策过程开启的第一个环节，是形成政策并通过政策去开展社会治理的起点"。相对而言，早期公共政策研究学者对政策问题的关注不够深入。在他们看来，政策问题是既定的，更重要的是如何通过政策方案的形成来解决既定的政策问题。但是，随着政策分析和政策过程研究的深入，林布隆（1988）逐渐认识到，一方面，"政策制定者所面对的不是某个已知的问题，相反，他们必须确定并提出自己的问题"；另一方面，很多的政策失败都可以归结为对政策问题辨识的失败或者构建了"不良"的政策问题。由此，对政策问题的研究逐渐得到学者的广泛关注。显而易见，政策目标并非总是相当明确而是具有模糊性的。政策问题在不同的界定主体上，也往往体现出不同的内容。正如安德森（2009）深刻指出的那样，界定问题本身就是一个问题。一方面，尽管一些社会问题正如金登所说因一些指标和数据的体现而实实在在地存在着，也并不一定能够上升为政策问题；另一方面，即使某一社会问题获得足够的重视而进入政策制定者的考量之中，由于"解释者"的主观建构，这一社会问题被界定为何种性质和程度的政策问题依然具有不确定性。更重要的是，政策问题的建构会直接影响之后的政策方案选择和政策行为。在这种认识背景下，政策过程理论的各个新的框架也无不体现出对政策问题界定和构建的重视。正如赖希（Reich，1988）所言，最重要的方面不是对问题解决备选方案的评估，而恰恰是问题建构本身。

政策环境与公共政策质量之间有着紧密的关系。政策质量受宏观环境、社会文化生态的影响。林恩（1987）指出，公共政策制定受到组织、机构、利益集团的限制，同时受到社会和文化的影响。政策所处的具体微观环境也对政策质量有着重要的影响。这种影响不仅体现在对政策制定质量、政策制定过程的影响，而且还体现在对政策执行有效性的影响。正如政策过程学者所主张的，政策情境不仅对政策制定而且对政策执行都有重要影响。只有符合具体政策环境和情境因素的政策设计和执行安排才能确保政策过程的有效，以及政策目标的达成。

信息资源及其具体特性对政策质量的影响得到了众多学者的关注。林德布洛姆（1988）关注到政策制定的两个"压倒一切的问题"——政策功效与民众监督实际上触及提高政策质量的努力。由此他特别重视信息和分析在政策制定过程中的作用。林德布洛姆关于政策互动的分析揭示出，信息流动的频率高低、周期长短以及流动渠道的畅通与否都关系到政策制定质量。

政策行动者特别是政策主体对政策质量的影响十分明显。斯卡塔西尼（Scartascini）等明确提出，公共政策的质量取决于每一个政府有能力采取合理方式来制定和维持有效的政策。这种能力取决于政治机构的若干特点，例如国会能力、司法独立、官僚独立和专业精神（Carlos Scartascini, Ernesto Stein and Mariano Tommasi，2013）。从政策过程的视角来看，政策制定和执行等环节都体现为政策主客体之间的互动，这种互动过程的具体情形对政策执行的效果具有明显的影响。作为政策主体的个人和组织，因其直接或间接参与政策制定、实施等政策全过程，从而不管其能力和素质，还是责任和伦理意识，都关系公共政策质量的高低。此外，政策客体对政策质量也能够产生影响，例如其对政策本身的认同或质疑能够促进或阻滞政策执行过程，进而影响政策的最终结果和质量。

2.2.2.2　政策质量评价

与产品质量相比，评价组织或者政策的质量更加困难。政策面向的不仅仅是"顾客"，而是多元利益主体。更重要的是，不同利益主体对于政策质量的评价往往持有不同的观点。或者有人关注政策的合理性、适应性，或者有人关注政策执行的及时性，还有人关注政策的效率。在不同学者那里，政策质量评价也往往体现为不同的内涵。如前所述，或者主张政策质量是对政策好坏程度主观的价值判断，或者视同为政策的成本收益，以及等同于政策的绩效。由于政策活动中参与主体的多样性和政策质量内涵理解的个异性，学者在具体的研究工作中除了关注政策质量测量指标、测量工具之外，就利益相关者在质量测量中的作用进行了研究。理查德和斯特朗（Richard and Strong，1996）主张，在识别质量属性及其重要度方面，不能由研究者主观决定或凭直觉加以选择，而是要从组织内外部的"顾客"那里收集他们认为对质量评价而言具有意义的指标或属性。

政策质量评价的价值标准受到不同质量观的影响而往往有所不同。例如，在民主质量观的价值标准下，政策质量的测量更加注重民主（democracy）、回应性（responsiveness）和透明（transparent）等指标；但在商业质量观的价值体系下，政策质量的测量则较为倾向经济（economy）和效率（efficiency）等方面的价值取向。实际上，更多的政策利益群体可能偏向于组合使用这些因素中的一些指标来衡量政策质量。这也是尽管对政策质量内涵的界定较为少见，但很多学者都提出了评价政策质量具体标准（见表2-3）的原因所在。韦唐（1997）在其《公共政策和项目评估》中，提出效果模式、经济模式和职业化模式三种政策评估模式（框架）。事实上，不同的政策评估模式（框架）在政策评价的标准方面事实上有所不同和侧重，因为这些模式或者较多关注政策执行，或者侧重政策成效，或者重点考虑政策多元利益主体的感知。不过，在政策过程理论指引下的政策质量评估，则试图将政策制定、政策执行和政策结果有机联系起来，考量作为政策全过程的质量。赵莉晓（2014）针对创新政策质量评估，指出其应该涵盖"政策制定—政策执行—政策效果全过程的评价，并将事实评估与价值评估相结合"，进一步，就评价标准来看，该学者提出了合理性、协调性、可行性、政府主导性、充足性等具体标准，涵盖政策制定、执行和政策效果。事实上，不同政策类型（领域），随着公共管理理论的创新发展，对政策质量评价的关注也大致都经历了从关注政策过程、关注政策结果到强调基于政策过程的政策质量评价与监测的转变。以教育政策评估为例，基于对政策过程的影响因素及其相互关系的研究，探索基于政策过程的政策质量评估和监测框架，成为该领域研究的最新趋势（胡伶和范国睿，2013）。

表2-3　　　　　　　　研究文献中的政策质量要素指标

研究者	要素
Pablo Spiller and Mariano Tommasi, 2005	稳定性、适应性、一致性、协调性、效率、可执行性、回应性
S. B. Maynard and Ruighaver, 2007	可持续性、可移植性、有效性、可靠性、功能性、可用性
Binshan Lin and Helmut Schneider, 1993	可靠性、精确性、响应性、适应性
Samira C and Jacky A, 2015	可识别性、可表达性、简易性、正确性、完备性、可理解性、可执行性、可维护性
Anany Levitin and Thomas Redman, 1994	适当性、清晰性、可理解性
M. F. Chuaire and Carlos Scartascini, 2013	稳定性、适应性、一致性、协调性、效率、可执行性、回应性

续表

研究者	要素
Graversen and Karen, 2008	适当性、准确性、时效性、可得性、透明度、可比性、协同性
Carlos and Ernesto Stein, 2009	稳定性、适应性、协调性、一致性、政策效率、公共性
戴维·伊斯顿, 1965	良好的配置效率、制度效率
丁煌, 1995	合法性、合理性、明确性、协调性、稳定性、连续性、科学性、目标具有弹性、公共政策之间良性循环
威廉·邓恩, 1981	效果、效率、充足性、公平性、回应性和适宜性
刘海波、靳宗振, 2011	有效性、效率性、统合性、时限性和发展化
陈振明, 1995	生产力标准、效益标准、效率标准、公正标准和政策回应度
王云斌, 2004	合法性、有效性、目标性、效率性、时限性、统合性、回应度、影响力、社会价值观、可持续发展

为了保证质量评估的有效性，学者和实践者们都在尝试寻找一种合理有效的质量评估方法，从而可以捕捉不同利益相关者（雇员、顾客等）对政策质量所持有的具体观点。也就是说，依赖单一的质量指标对组织有效性、组织绩效或政策质量进行管理和提升总是有风险的：首先，它使质量的不同维度被隐藏在一个不透明的"黑箱"之内；其次，它还允许对相应维度进行补偿。例如，客户服务可以与产品的其他特性进行交易。学者就政策质量测量指标的质量标准也进行了研究，提出了"聪明"的质量测量指标的建构标准（smart quality indicators），即具体的（specific）、可测的（measurable）、可以实现的（achievable）、中肯的（relevant）和时限性（time-related）的（Elke Löffler, 2001）。

从表 2 - 3 中可以看出，学者对政策质量测量标准的研究成果较为丰富。威廉·邓恩（William Dunn, 1981）主张从政策的效果、政策的效率、政策的充足性、公平性、回应性和适宜性等方面评价政策质量。格拉弗森和凯伦（Graversen and Karen, 2008）则更加强调准确性、时效性、协同性以及透明度等评价维度。斯卡塔西尼和施泰因（Scartascini and Stein, 2013）等提出的政策质量评价标准，不仅关注政策的适应性、协调性和公平性，还将政策稳定性和政策执行纳入其中。梅纳德和瑞格哈弗（Maynard and Ruighaver, 2007）根据两个深度案例研究的结果，提出了包含可持续性、可移植性、有效性、可靠性、功能性和可用性为主要指标的质量评价标准。卓越在《公共部门绩效管理》一书中，主张以"良好的配置效率和制度效率"来衡量公共政策质量。李承圭和李俊英（2009）基于公共服务质量的研究将设计质量归纳为三个范畴：政策设计范畴、政策实施范畴和资源投入范畴。其中，政策设计范畴是指在政策制定阶段制定和确定的政策内容的质量。政策实施范畴是对如何实施政策或服务的具体设计的质量的评价。资源投入范畴则指如何以各种有形资源，例如人力、物力和财力的投入来保障有效实施政策或提供有效公共服务。其研究还得出结论：设计质量对公共服务满意度提升有明显作用。丁煌主张，政策设计质量主要体现在政策是否具有合理性、明晰性、协调性、稳定性以及公平性诸方面（丁煌，2002）。伯恩（Bourne，2007）认为，应该从以下的角度衡量公共服务政策质量："投入的数量（如机构的数量、可以测量的时间）；投入的质量（如公共服务的速度与可信度、服务人员的礼貌程度与态度等）；效率（如公共服务占财政投入的比率）；公平（如对待不同群体的服务投入是否公平、收入分配是否合理等）；产出，也就是公共服务可以测量的效果（如结案率、升学率等）；物有所值，即纳税人的税收是否用到实处；消费者满意度"。

政策质量测量和评价的困难主要体现在三个方面，一是如何定义质量；二是如何实施质量评价；三是如何解释政策质量。受此多重困难影响，整体而言，已有研究中关于政策质量实证测量的成果较少，一些学者对不同政策类型的政策质量进行了初步的测量。有学者基于对科技政策和创新政策的关注开展了相应的研究。刘海波和靳宗振（2011）基于科技政策的特殊性，构建了科技政策过程的 ICD3PA 模型，讨论了评价科技政策质量的五条标准，但没有进一步开展科技政策质量的测量研究。段忠贤（2015）依据斯卡塔西尼和施泰因提出的政策质量特征对我国自主创新政策质量进行了测度；李侠和苏金英（2008）对我国科技政策质量测度体系构建问题进行了研究。有学者基于已有文献关于政策质量的研究，提出了公共政策质量测评量表，并采用模糊综合评价法，选取杭州市小型汽车限牌政策作为具体案例对政策质量进行了测量（范柏乃和张茜蓉，2015）。王云斌（2004）针对社会福利政策质量评估提出了"政策质量评价是对政策全过程的评价，既包括对政策方案的评价，也包括对政策执行以及政策效果的评价"的观点。格拉弗森和凯伦（Graversen and Karen）通过对经济合作与发展组织（OECD）相关具体政策的研究，指出政策质量可从政策相关性、政策准确性、政策时效性、政策可得性与透明度、政策可比性以及政策协同性六个方面来进行评价。亚历山

大·汉斯和西格蒙德·杜尔（Alexander Hans and Siegmund Duell, 2011）等
讨论了通过不确定性情况下的价值函数模型来评估政策质量的方法。伊曼纽
拉·伦巴多和莉丝·罗兰森·阿古斯丁（Emanuela Lombardo and Lise Rolan-
dsen Agustín, 2009）基于对欧盟男女平等政策的考察提出了政策质量评价的
五个要素：明确性、包容性、清晰程度、兼顾性以及改革能力程度。玛琳·
B. 施瓦茨和安妮·E. 隆德（Marlene B. Schwartz and Anne E. Lund, 2006）等
构建了包含 96 项具体指标的测评量表对美国四个州的学校健康政策质量进行
了评估。杨芷晴和柳光强（2014）采用 3E 标准对促进环境产业的财税政策
质量提升进行了研究。科瓦契奇（Kovacic, 2009）研究了并购政策（merger
policy）质量评价问题，提出了三个评价标准：一是政策效果；二是政策可执
行性；三是政策的适应性。格林·埃尔温（Glyn Elwyn）提出通过改进满意
度测量方法来评估健康护理政策质量的方法。不过，需要说明的是，不同政
策类型（领域）由于具有相似的外部和内部基本条件，因而可以相互借鉴或
进行比较研究，提高人们对质量测量的认识。有学者就高等教育和公共广播
这两个政策领域的质量评价和计量方法论问题进行了研究并支持了上述观点
（Ana Maria, 2008）。

2.2.3　政策质量的管理和提升

　　质量管理和提升构成私人部门产品、服务质量管理理论与实务的重要内
容。全面质量管理所倡导的质量控制小组（QC 小组），就是以改进质量、提
升绩效为目的。以数理统计为基础的抽样检验则试图"用数据说话"来保障
和提升产品质量。以调查法、分层法、因果图等构成的质量管理"老七种工
具"和以关联图、系统图、数据矩阵图等构成的质量管理"新七种工具"，
以及工序能力指数等一系列的工具应用系统作为质量管理与提升的有效手段
和方法都在私人部门产品、服务质量管理中得到广泛的应用。这为公共政策
质量的管理与提升提供了有益的借鉴。但同时，相较于私人部门产品、服务
质量的管理与提升，公共政策质量的管理与提升由于涉及多元相关主体、不
确定的政策情境等因素而更为复杂。

　　尽管如此，针对政策质量的优化管理和提升，学者还是提出了各种建议。
例如，改进决策观念，优化决策环境、建立和完善政策制定系统以及健全运
行机制等（邱汉中，2002）。抑或，从制度分析的视角，提出提高公共政策

的质量,需要考虑其制度含义中的激励机制,且要使不同政策的激励机制相互衔接(陈志华,2004)。还有学者主张,公共行政的话语理论提出了提升公共政策质量的第三条道路。这条道路倡导在公共能量场中通过保证参与者话语的正当性来提升政策质量(曹堂哲和张再林,2005)。现代性公共政策理论则认为,提高公共政策的合法度和提升公共政策的工具理性程度是提升公共政策质量的两大策略。相比较而言,倡导公共价值理论的学者,更加强调公共利益导向,以及公民在公共服务质量改进中的作用。因此,这些学者也极为强调关注公民需求,重视公民因素在服务质量提升中的作用。"他们主张将公民满意度和公共价值本身看作判断公共部门价值与预期目标实现与否的最重要的标准(critical standard),因为公共价值为公共部门管理者收集民意以改进公共部门决策和公共服务质量提供了一个框架"(陈振明和耿旭,2014)。

政策质量总是与政策过程息息相关。分析梳理学者提出的各种主张不难发现,政策质量管理与提升是一个需要基于政策过程、政策多元利益主体和各种政策质量影响因素而加以宏观把握的方面。不管是改进政策决策过程,还是健全政策运行机制,都是基于政策过程及其内嵌其中的多元利益主体而言的。其中,政府在公共政策过程中往往占据主导地位,因而政策质量管理与提升的首要路径在于政府的准确定位和职责的合理运行,其有效性则在于"一整套完备的管理制度选择和规则安排"(孙柏瑛,2014)。不论在政策问题建构阶段,还是政策议程合法化等阶段,政府都需要通过建立完善的参与机制、信息公开制度、利益调适制度和合作对话机制来保障政策质量。因为,尽管政府在公共政策过程中往往占据主导地位,但其也无法独占所有的政策信息与政策资源,因而不是唯一的政策话语垄断者。相反,由于政策过程内嵌的多元利益主体之前持续的复杂的利益博弈和互动现象,"谋求参与式的政策过程,居间调适利益关系,通过协商对话达成政策共识"不仅成为政府获得公共政策合法性与正当性的必然选择,也成为提升政策质量的内在之义。这一意义上,政策质量管理与提升在本质上体现为一种社会建构的结果,"资源分享、利益斡旋、协商沟通、冲突化解、理解达成则是政策制定与执行必需的过程。理解、互惠和共同行动成为治理的目标,而冲突、协商、对话、包容、责任、民主程序成为共同行动的策略"(孙柏瑛,2015)。

政策问题建构是政策质量管理与提升的重要基础。斯通等学者的已有研究表明，政策问题界定不存在普遍的、科学的或者客观的方法。但在公众参与理念的指引下，必须通过政策问题合作建构的方法，经由政策的多元行动者在社会网络中的互动、意义共享和合作行动来实现农村低保政策问题的转化。如果缺乏农村低保政策利益群体的积极参与，缺失基层行政人员的话语交流，那么很有可能即使通过科学的农村低保政策问题建构的程序和规范，依然会将虚假的、片面的甚至错误的农村低保政策问题提上议程。政策问题建构涉及三个环节：社会问题如何引起注意并上升为政策问题；政策备选方案是如何形成的；政策方案是被如何选定的。政策问题建构本质上要求以特定的社会问题为导向。政策问题建构需要一种合理的框架来确保所建构问题在形式上与实质上的合理性，既能够确保科学过程和严密程序，符合公开化与透明化的原则，也能够保障民众的意愿表达，在尽可能获取充足信息资源的条件下，通过沟通、协商等话语建构方式形成问题建构的表达。当前，经济社会问题和政策环境日趋严重与复杂，影响政策问题本质、范围和严重性等的庞杂因素往往难以穷尽，传统公共行政以政府为中心的政策问题建构的单一线性模式日益难以满足需要，客观上要求基于"相互依赖行动者之间某种程度上稳定的社会关系类型基础上形成政策问题与政策方案"。

政策目标的明确性和政策方案的有效性不仅是确保政策问题得以解决、政策设计实现预期效果的保障，也是政策质量提升的题中应有之义。有学者从对社会治理的关注出发，提出"对于基层社会治理而言，将'碎片化'的社会组织起来，建立公开、透明、常态制度化的利益表达和输送渠道，将分散的利益聚集、整合起来，转换成为具有公共性的政策方案，成为一项艰巨但必须履行的任务"（孙柏瑛，2015）。

政府能力建设是政策质量提升的有效保障。"经营公共服务需要具备与之相适应的经营能力，而这一能力在公共服务市场化的今天恰恰是政府部门及其公务员所缺乏的"（竺乾威，2015）。多年来，我国相对忽视了政府社会管理和公共服务能力的调整和建设，特别对于地方政府而言，这种缺失"加剧了社会公共领域治理困境"（竺乾威，2015）。就政府经营公共服务的能力而言，既包括制度创新能力，也包括政策工具的选择与使用能力，以及营销能力（竺乾威，2015）。政策问题建构和优化政策设计质量的具体建议等都涉及政府通过政策的调整与优化，而这依赖于提升政府公共服务的能力建设。此外，政策工具的选择与使用则要求必须与公共政策（服务）的类型（领域）相适应，例如，有学者主张，"在一些社会保障领域如最低生活水平等项目上，可能考虑更多的是运用用户凭单制度"。除去政策工具的创新使用外，推进政策执行能力建设，是保障政策过程质量的关键。

关注和提升政策价值是政策质量优化的必然要求。价值是公共政策最本质的规定性。政策要以实质性公共价值为依托，注重组织内外多面向的社会关系，超越视民众为顾客的观点，在沟通、对话的基础上建立相互之间的信任，使民众在公共行政决策中扮演更为重要的角色，解决各种公共问题和冲突，维护和实现公共利益。特别是，正如竺乾威针对政府营销能力建设的研究所指出的，时至今日，"政府的公共服务也经历了一个从产品导向（传统模式）到顾客导向（新公共管理模式）再到顾客关系（也就是登哈特讲的一种"信任"关系）的变化。从政府的角度来说，营销不仅包括诸如预测精算、价格管理等技术能力，更包含着一种与服务对象建立信任的能力"（谢秋山，2015）。

完善社会政策领域的相关法律法规、实现依法治理，是政策质量管理和提升的坚实保障。这就要求树立由政策优先向法律优先的理念。以社会政策领域内的各项政策供给为考量对象，实现政策优先向法律优先的转变，实现依法治理，才是切实实现政策目标的坚实保障。具体来说，要提高社会政策领域具体立法的层级；要在学习和借鉴发达国家和地区社会救助立法成功经验和做法的基础上，积极破解社会救助法制定的复杂性和现实困境。这不仅可以有效化解社会救助法的部门利益纷争，而且对地方立法也具有重要的指导作用，可以避免由于国家层面的相关立法缺位而导致的地方政府在制定地方规章的过程中出现的适用范围不一、具体规定互相冲突等问题。此外，要完善社会政策领域相关的行政法规，包括国务院行政法规、国务院部委规章、地方性法规和地方政府规章等。

2.2.4 农村低保政策的供给与质量

最低生活保障政策是旨在保护最低收入群体基本生存权利的一项不可或缺的社会救助安排，同时也是政府调节社会分配、减少贫困、实现社会公平的一种政策手段。改革开放之后，国家层面的扶贫和社会救助工作以一系列的体制改革和制度创新为保障和推动力而取得了显著的成效。但在大规模农村扶贫开发和农村社会救助得以阶段性、有计划实施并取得积极的政策效果（1986～1993 年）的同时，一些问题依然存在：（1）数据表明依旧有大量的农村贫困人口存在。（2）生活常年困难的农村居民的生存问题尤为凸显。（3）城乡发展失衡、贫富差距加大问题突出。（4）社会公平与农村和谐稳定方面，贫富差距的加大可能导致或积聚一些社会矛盾，影响农村社区的和谐与稳定，潜在地存在引发更多社会风险的可能性。而就农村贫困问题的性质来看，渐趋由普遍性贫困向最低收入群体的边缘化贫困转变。也就是说，首先，传统的区域性开发式扶贫的效果在日益减弱，迫切需要一种更为精准的扶贫和社会救助政策。其次，城市低保政策实施之后，建立覆盖城乡居民社会保障体系的问题显得日益迫切。为了妥善解决城市贫困人口生活问题，1997 年国务院决定在全国建立城市低保政策。此项政策于实施近 6 年后分类救助模式得以实施，基本实现"应保尽保"。事实上，建立农村低保政策的探索与努力并不晚于城市低保政策，但农村低保政策议程建立和政策合法化的进度一直缓慢。随着城市低保政策的完善，建立覆盖城乡居民的社会保障体系成为一个被明显意识的问题。2007年 6 月，全国建立农村最低生活保障制度工作会议上提出要建立农村低保制度，将农村困难群众纳入公共财政保障范围。

早在工业化初期，社会救助制度已作为一项重要的缓解社会矛盾的社会政策在德国等国家建立、发展起来。"社会保障制度先是由德国的俾斯麦政府在 19 世纪 80 年代建立的"（竺乾威，1991）。随后，瑞典、丹麦、挪威、英国、美国以及日本等国家相继建立起各自的社会保障制度，主要包括疾病保险、工伤保险、老人保险、失业保险，以及救济等方面。社会政策一词也最初由工业化时代背景下的德国学者提出。19 世纪末，华格纳（Wagner Adelph）关于社会政策的定义是"把分配过程中的各种弊害，采取立法及行政手段，以争取公平为目的而加以清除的国家政策"（刘修如，1984）。其后100 余年的发展历程中，社会政策的内涵不断发生调整。从广义上来说，一切旨在确保社会变迁能够增进公民福祉的社会干预实践都属于社会政策的范畴（J. Midgley and M. Livermore，2009）。总体而言，发达国家的社会政策可从广义和狭义两个方面理解。广义的社会政策涵括了一系列以提升生活水平与生活质量为目的的法律、条例和措施，包含教育法、婚姻法等。狭义的社会政策以具体社会问题的解决为目的，主要包含社会救济、福利保障等内容。

国外一般将最低生活保障政策归入社会救助或社会福利范畴，其目的是通过贫困救济等举措保障特殊困难群体基本的生存权，兼顾促进社会公平。

国外学者对社会保障政策的研究，最初源于经济学家，更多地关注社会保障政策对储蓄、经济增长和福利效应等的影响。货币主义代表人物米尔顿·弗里德曼专门针对贫穷问题提出了"负所得税"理论，其实质是通过补贴穷人的收入来扩展所得税（弗里德曼，1950）。从社会保障政策的保障水平测算来看，强调通过确立适度水平达到既能尽可能满足基本保障功能，又能够最大效度减轻其对经济发展的负面影响的效果。安东尼·吉登斯面对再分配问题时，提出了"可能性的再分配"的主张，用以最大限度上取代事后的再分配。吉登斯倡导积极的福利政策，并主张福利政策不应该完全由政府来创造和实施，而是由政府以及包括企业在内的其他机构来共同合作提供。戈斯塔·安德森的社会投资理念在20世纪90年代中期影响很大，特别是在欧盟社会政策的讨论中。戈斯塔·安德森主张通过社会政策创新来应对经济和社会条件发生变化之后的欧洲福利政策面临的危机。其关于社会政策要由消极的收入补助政策转变为积极的社会政策的观点影响深远——欧盟关于社会政策是一种潜在的生产要素的主张就源自此处。

就国内学者的研究来看，农村低保政策的基层实践逻辑是学者较多关注的一个方面。梁晨（2013）通过对村庄个案的低保政策实施的实际体察，在微观层面揭示了低保政策执行偏差和政策目标置换的影响因素，具体包括：村庄内在因素和外在行政因素，其中，最主要的因素是上级政府下达的行政任务，特别是乡镇政府在其中扮演着重要角色。这一研究诠释了行政力量的强大影响和"行政社会"的逻辑。政策变通的结果导致干部与村民、政府与社会的摩擦和冲突。此外，学者也关注到农村低保政策的反贫困效应及其影响因素。韩华为、徐月宾（2014）基于2010年中西部五省份大样本农户调查数据的研究发现，尽管在降低和消除保障对象的绝对贫困方面，农村低保政策的效果明显，但对总样本和应保样本的减贫效果依然较为有限。覆盖率低、瞄准偏误高，以及救助水平不足等突出问题严重限制了该项政策的减贫效果。

"评估研究应该是社会政策和公共行政运动的有机组成部分"（罗西等2001）。近年来，对农村低保政策运行绩效评价、运行效能评估的研究逐渐增多。何晖、邓大松（2010）的研究关注到低保政策目标的实现程度和分省份低保政策的运行绩效。他们通过对中国省份之间低保政策实施绩效的评价发现，作为一项具有再分配属性的政策设计，尽管政策绩效逐年有所提升，但依然与"应保尽保"的目标存在一定的差距。此外，不同省份之间的政策实施绩效参差不齐，存在明显的差异性和层次——这也促使学者关注低保政策的空间正义问题。此外，还有学者对城市低保政策运行效能评估进行了研究。王伶、邓大松（2015）基于公众满意度和公共教育支出绩效指标体系，构建了城市低保政策运行效能评估的六组模型，并通过比较确立最优模型。根据研究结果提出了提高低保群体政策认知、规范审批程序、健全城市低保动态调整机制和关注低保边缘群体四个方面的对策建议，为进一步提高城市低保政策运行效能提供了指导。韩克庆、郭瑜（2012）对"福利依赖"问题进行了探究，认为目前城市低保政策尚不存在"福利依赖"效应。何植民（2013）运用自主构建的农村低保政策实施绩效评价指标体系及权重系数对该项政策绩效进行了评价并根据分析结果提出了若干建议。该研究提出了评价农村低保政策的五个最为重要的指标，具体涉及家庭可支配收入、家庭人均消费额以及低保财政支出占地方财政支出比重等方面。这是关注农村低保政策这一具体政策类型的政策绩效测量的有益探索，是基于政策特殊性的研究成果。

2014 年 1 月，中央办公厅详细规制了精准扶贫工作模式的顶层设计，推动了"精准扶贫"落地见效。党的十八届五中全会根据全面建成小康社会的要求，明确提出了从精准扶贫到精准脱贫转变的战略规划。农村低保政策、特困人员救助供养政策和产业精准扶贫、教育精准脱贫等共同构成脱贫攻坚政策供给的主体，特别是农村低保政策是脱贫攻坚兜底保障政策的主体。尽管扶贫政策与低保政策都可以起到反贫困的作用，但两者在反贫困中起作用的方式却是显然不同的，贺雪峰（2018）归纳了这种不同的三个主要表现：首先，扶贫开发偏向于中观层面的经济政策，而低保制度属于微观层面的社会政策。其次，扶贫开发政策重点是提供区域性基础设施，多是通过项目进行投资开发。扶贫开发为区域内所有农户提供生产生活便利，农户家庭劳动力因而可以有更为便利的生产条件，可以增加农业、副业或外出务工的收入。或者说，扶贫开发的重点是为农村有劳动力的家庭提供生产和就业机会以增加收入，低保则主要针对家庭中缺少劳动力的农户，是无条件的"补差"。最后，扶贫即使精准到户也不允许直接发钱，而只是进行帮扶，包括帮扶技术、贴息贷款，低保则是直接发钱"补差"。针对当时扶贫政策与社会保障政策产生了交叉甚至错位的情形，贺雪峰进一步主张，"在未来中国反贫困制度设计中，应当对当前扶贫与社会保障之间的错位有清醒认识，应当让扶贫重返中观的开发扶贫层面，重点是连片特困地区的区域性基础设施与市场制度建设。同时，应当进一步健全农村社会保障制度，确保低保制度主要针对那些缺少家庭劳动力的农户以维持其基本生活保障，新农合为所有农户提供基本医疗保障，新农合＋大病救助致力于防止农户因病致贫，新农保为所有农村老年人提供基本的养老保险。其他例如残疾救助、特殊救助（如孤寡老人、孤儿等），应与上述政策配套，形成相互补充的完整健全的社会保障体系"。

在精准脱贫与精准扶贫领域，学者的研究成果较为集中。虞崇胜、唐斌、余扬（2016）等阐述了精准扶贫与精准脱贫的内涵与价值，认为前者强调通过发挥扶贫主体作用帮扶贫困者脱贫，后者指运用一系列的脱贫机制使贫困者具有自主脱贫的能力。王朝明、王彦西（2018）基于对政策方面的关注提出通过精准识别、精准帮扶、贫困县审查退出机制等方面的优化调整来确保实现 2020 年全面脱贫的目标。学者还就精准脱贫的影响因素、存在问题与对策建议（吴江华，2017）、连片特困地区精准扶贫及脱贫问题（万君和张琦，2016）、精准脱贫战略的模式创新与实现机制（虞崇胜，2016；廉超，2017；许源源和彭馨瑶，2016；莫光辉和张玉雪，2017；丁赛和李文庆、李霞，2017；胡洁怡和岳经纶，2017）、精准扶贫评估机制（虞崇胜，2016；刘学敏，2017；陈起风，2018）等进行了探究。王延中（2017）就社会救助体系、社会保险体系、社会福利体系三大社会保障体系所组成的反贫困机制的重要性与必要性进行了阐述。他从瞄准正确的机制，完善社会救助体系；加强社会保险横纵向的平衡，实现基金再分配；明确健全社会福利体系的发展方向等方面提出精准扶贫与精准脱贫的可操作性建议。如何实现扶贫开发政策和农村低保政策的有效衔接，是学者十分关注的方面。焦克源和杨乐（2016）使用文献研究的方法，指出"两项制度衔接实践是社会保障与扶贫开发联动扶贫的'先行军'，社会保障与扶贫开发联动扶贫是我国精准扶贫战略实施的主要路径选择"。贺雪峰（2018）则着重探究了目前我国反贫困领域中的政策错位问题，认为"贫困本身的多元化和复杂性引发扶贫政策由开发扶贫到精准扶贫演进，扶贫政策与社会保障政策由此产生了交叉甚至错位"，其建议是在提升政策设计质量方面入手，合理定位社会保障政策和扶贫政策的目标与预期，形成区分明确、相互支撑互补的反贫困制度体系。

2021 年，我国脱贫攻坚战取得全面胜利。2021 年中央一号文件正式提出"全面推进乡村振兴加快农业农村现代化"，提出要实现巩固拓展脱贫攻坚成果同乡村振兴有效衔接，持续巩固拓展脱贫攻坚成果，健全防止返贫动态监

测和帮扶机制，对易返贫致贫人口及时发现、及时帮扶，守住防止规模性返
贫底线。要接续推进脱贫地区乡村振兴。加强农村低收入人口常态化帮扶。
开展农村低收入人口动态监测，实行分层分类帮扶。对脱贫人口中丧失劳动
能力且无法通过产业就业获得稳定收入的人口，以现有社会保障体系为基础，
按规定纳入农村低保或特困人员救助供养范围，并按困难类型及时给予专项
救助、临时救助。《中华人民共和国国民经济和社会发展第十四个五年规划
和 2035 年远景目标纲要》也提出，完善农村社会保障和救助制度，健全农村
低收入人口常态化帮扶机制。增强社会保障待遇和服务的公平性可及性，完
善兜底保障标准动态调整机制。徐进（2020）主张，以构建科学合理的体制
和机制为抓手，继续完善农村社会保障制度体系，不仅可以有序推进农村社
会保障治理乃至善治进程，也将进一步助力乡村振兴战略实践进程。张尧和
丁一帆（2016）探讨了乡村振兴背景下健全城乡社会保障融合发展体制机制
和政策体系的问题，强调通过完善城乡社会救助体系，做好农村社会救助兜
底工作、完善多层次城乡养老保障体系等，实现城乡社会保障制度的融合
发展。

2.2.5　简要述评

　　整体来看，关于政策质量的探究，学者的研究不论是在研究方法还是研
究的政策类型领域方面都取得了较为丰富的成果，取得了一定的理论积累。
具体体现在以下四个方面。
　　1. 对政策质量的内涵进行了必要的探究。质量是一个复杂的概念。引
入私人部门的质量概念，并演变为公共领域，特别是公共政策领域的可以
适用的质量概念，学者在此方面进行了必要的努力。首先，质量被证实在
公共政策领域是一个可以适用的概念。质量不仅是产品和服务的生命线，
也是公共政策的生命线。从政策系统的角度来看，公共政策是由特定政策
主体在一定的政策环境下为管理社会公共事务、实现公共利益而针对政策
客体制定和实施的公共行为规范、行动准则和活动策略。由此政策质量也
成为衡量政治文明程度的重要标志。其次，对质量内涵的界定，尽管存在
各异的观点，但不同的研究成果都涉及公共政策质量的某一方面，或者关
注到政策制定的质量，或者对政策运行过程的质量开展了必要的探究，或
者对作为政策结果的质量进行了细致的分析。综合不同学者的研究成果，

对于更好地识别政策质量的内涵十分有益。再其次，对政策质量的已有研究揭示出，对于质量的统一定义可能并不存在。公共政策质量同样是一个需要置于具体政策情境加以考量的概念，特别是对于不同的政策类型，其政策制定的程序与方法、政策执行的机构与数量、政策评估的标准与模式，都可能存在着各种差异化要求。正因如此，优先考虑政策领域与性质的政策矩阵思维方式成为研究所有政策科学问题的出发点（朱德米，2015；蓝志勇，2017）。充分考量诸如政策问题的区别与类型、政策领域等政策研究的限制性条件，关照不同的政策类型或领域，成为政策质量研究的必然选择。最后，已有的研究也揭示出，政策质量是一个多维的概念。单一维度的政策质量测量已经被证实是存在风险的。由此，政策质量的测量必须考虑其多维多层的特性，并且关注政策的多元利益主体，识别政策保障对象和核心利益群体关于政策质量属性的实际感知，这点尤为重要。

2. 对政策质量在政策过程中的地位和功能给予了中肯的认定。尽管对政策质量的内涵持有不同的观点，但不仅传统政策科学的代表学者，例如琼斯、安德森等在政策过程理论的研究中对政策质量给予了广泛的论述，而且政策过程的各个新理论框架的代表学者，例如金登、霍格伍德和冈恩等更体现出对政策质量的重视。这些学者的努力取得了以下主要成就：从对政策过程的分析以及政策过程与政策内容的互动探讨出发，学者对提升政策质量给予了一定的关注。例如，德洛儿就积极主张公共政策质量的提高应和公共决策系统的改进共同构成政策科学的基本目标。学者关于政策过程与政策质量的探究体现出两种路径。一种路径将政策质量等同于政策制定质量，因而更多地强调政策方案或政策文本本身的合理性，侧重于分析政策的价值取向和文本质量。这一主张之下，学者不仅认为政策（制定）质量对成功的政策执行至关重要，也是政策评估与反馈的重要标准。另一种路径则将政策质量与政策全过程结合起来，主张政策质量不仅体现为政策是如何制定的，而且也包含政策如何被执行，以及政策结果究竟如何。在这一主张下，政策质量不仅包含政策方案或政策文本本身的质量，也将政策执行质量和政策结果质量整合其中。政策是一个过程，包含问题建构、方案形成与决策、执行以及评价等环节，任何政策阶段或环节的缺失都将导致具体政策的不完整性。因此，基于政策过程的视野探究政策质量的内涵和评价，是有效而科学的选择。

3. 提出了政策质量评价的相关维度和标准。政策质量评价的价值标准往往受到不同质量观的影响而有所不同。不同学者对政策质量评价的应有标准持有不同的见地。例如，威廉·邓恩（William Dunn）主张从政策的效果、政策的效率，政策的充足性、公平性、回应性和适宜性等方面评价政策质量。格拉弗森和凯伦（Graversen and Karen）则更加强调准确性、时效性、协同性以及透明度等评价维度。斯卡塔西尼和施泰因（Scartascini and Stein）等学者提出的政策质量评价标准，不仅关注政策的适应性、协调性和公平性，还将政策稳定性和政策执行纳入其中。隆巴多和奥古斯丁（Lombardo and Agustín）等基于对欧盟男女平等政策的考察提出了政策质量评价的五个要素：明确性、包容性、清晰程度、兼顾性以及改革能力程度。有些被反复提及的政策质量评价维度和指标，例如政策回应性、政策效率、政策稳定性以及政策协调性等维度，都是政策质量测量的重要参考维度。不仅如此，学者还就这些维度的具体内涵进行了界定，提出了不同维度所包含的评估指标体系。这都为其后学者进行政策质量评价、政策质量管理和政策质量提升的研究提供了有益的参考。

4. 开展了政策质量评价与测量的初步研究。尽管测量政策质量是一件复杂而困难的事情，但学者们还是展开了必要的研究。这些实证测量包含了科技政策（刘海波和靳宗波，2011）、自主创新政策（段忠贤，2014）、教育政策（Marlene B. Schwartz，2009）、福利政策（王云斌，2014；余红伟，2015）、廉政政策（庄德水，2013）、机动车限行政策（范柏乃和张茜蓉，2014）等政策类型。相应研究采用的测量指标体系、测量方法和政策建议，都为其后的研究提供了有益的基础，并为深入研究政策质量问题提供了视角和空间方面的借鉴。

尽管学者已有的研究取得了丰富的成果，但就已有研究成果来看，学者对政策质量的研究依然不够系统和深入。关于公共政策质量的相关研究文献较少，已有研究的学术质量整体较低，学术影响十分有限。研究视角来看，"缺乏清晰的理论研究视角，尚处于混沌状态，公共政策质量实证研究虽然视角新颖，但其数量却极为有限，难于评价"（王宝成，2017）。本书将已有的关于政策质量研究的不足归纳为以下三个方面。

1. 缺失对政策质量内涵的科学界定。学者对公共政策研究的注意力主要聚焦在具体政策内容和结果上。而作为政策研究重要组成部分的第二类研究，即政策过程的研究，没有得到应有的充分重视，特别是对于政策质量的研究还比较薄弱。相比较而言，目前学术界对于政策评价的研究很多，而对公共政策质量的研究，或者从价值判断的角度认为政策质量是政策的好坏程度；或者从成本收益的角度代替政策质量；再或者从效率和公平维度界定政策质量。已有研究的不足不仅表现在缺失对政策质量内涵的科学界定，更有以政策的成本收益来替代政策质量的危险。

2. 对政策质量内涵与评价指标体系的研究十分欠缺。目前，对政策质量的研究大多仍然停留在对定性的泛泛而谈，对政策质量的内涵与结构要素的界定尚未形成共识。评价框架、维度与具体要素的缺失，也导致难以进一步开展对政策质量评价等方面的研究。此方面少量的已有研究尽管做出了有益的尝试，但存在着较为明显的不足：（1）在评价要素与指标的选取方面存在重复；（2）对个别评价要素内涵的界定太过模糊；（3）没有对政策价值方面的评价指标加以说明。可以说，基于政策普遍性的政策质量评价研究较为欠缺，基于政策类型特殊性的研究更为缺乏。此外，综合运用适合管理学研究范式的研究方法、确保研究过程和研究结论的科学性与有效性的研究较少。

3. 研究成果数量较少、整体质量不高，学术影响有限。梳理关于政策质量的已有研究不难发现，研究成果的数量较为有限，政策质量较低。有学者以 CNKI 数据库为文献数据源，采用文献统计分析方法对政策质量研究文献进行整理，得出的结论是"公共政策质量研究文献总量很少，年度发表的文献也极为稀少，公共政策质量基本上是一块"处女地"，具有广阔的研究空间"。的确，已有研究多关注特定政策的描述与解释，绝大多数研究成果集中在公共政策质量的影响因素或提升对策方面，规范性的研究较为匮乏。对政策质量的实证测评，以及政策质量对政策绩效、政策满意度的影响机理与影响强度等方面的研究罕见。可以说，缺乏明确的理论视角、缺乏高质量的实证研究成果、缺乏具有较高借鉴价值的研究结论，以及研究成果严重碎片化是政策质量研究的基本现状和主要问题。

第3章　研究设计

研究设计是对研究项目结构和过程的整体安排（樊景立，2008）。恰当、合理的研究设计是开展公共管理研究并取得可靠知识的重要环节。研究设计的基本任务包括两个方面，"一是选择、确定收集和分析研究数据的方式方法；二是构思、制定实现研究目的的操作程序和控制方案"（范柏乃和蓝志勇，2013）。结合研究目的，本章就研究的整体设计进行阐述。

3.1　研究目的

本书基于政策过程理论和多元利益主体视角，探索并形成关于农村低保政策质量评价的可靠的新知识。本书研究的基本目的是：提出农村低保政策质量的构成要素和整体概念框架，在运用合理方法进行检验与修正的基础上，开发一个多维多层的农村低保政策质量评价指标体系总体框架和测评量表。具体而言，本书研究问题包括以下三个方面。

1. 农村低保政策过程中主要有哪些利益主体？这些利益主体对农村低保政策质量要素和评估标准持有怎样的具体观点？哪些要素被多元利益主体确认为对该项政策质量评价而言是具有重要意义的？

2. 借鉴有限的并且存在矛盾冲突的已有研究，基于农村低保政策多元利益主体对该项政策质量属性的认知，如何开发一个科学、合理的农村低保政策质量整体概念框架？农村低保政策质量具体包含哪些属性和维度？

3. 基于农村低保政策质量整体概念框架，如何对欠发达地区农村低保政策质量评价指标体系进行分类？如何确定一级评价指标体系和二级指标评价要素？在此基础上，如何开发欠发达地区农村低保政策质量测评量表？如何验证和优化评价指标体系和测评量表以保证其评价结果的有效性？基于本书提出的农村低保政策质量整体概念框架所构建的农村低保政策质量评价指标体系，是否具有信度和效度？是否能够作为对中国农村低保政策质量进行评价的一种有效的测量工具？

3.2　研 究 方 法

　　研究设计的重要内容之一是根据研究问题和研究目的的性质，以及客观存在的开展研究的限制条件，选择适合的研究方法，从而有效地实现研究的预设目标。

　　该项研究是关于农村低保政策如何制定、执行，以及如何开展农村低保政策质量评价的精细研究。该研究聚焦于农村低保政策的具体情境，而非对政策质量有关要素或变量之间关系的研究。总体而言，属于探索性研究的范畴。因此，该研究也综合运用政策文献、问卷调查等研究方法，用以建立有关的理论。

　　1. 政策文献研究方法。政策文献是政策思想的主要载体，是政府组织处理公共事务的行为反映，是对政策系统与政策过程客观的、较易获取的文字资料。政策文献研究通过对既定政策的内容分析，揭示政策供给与变迁以及政策过程的主体合作网络等公共政策研究问题。本书运用政策文献研究方法，对农村居民最低生活保障办法、农村居民最低生活保障资金管理办法、农村居民最低生活保障工作操作规程等相关的一系列政策文献加以分析，揭示该项政策制定、实施与演变的情况，以及政策过程中不同参与主体的合作与冲突等情况。

　　2. 问卷调查法。问卷调查法是管理学定量研究中最为普及的方法，可快速有效地收集数据。本书严格遵循问卷设计的理论、方法与程序，设计了《农村低保政策质量指标要素调查问卷》和《农村低保政策质量指标要素重要度调查问卷》，分别使用两个调研问卷，采用两阶段问卷调查方法，收集该项政策的保障对象和利益相关者就其质量要素和评估标准所持有的具体观点，并识别农村低保政策保障对象和核心利益相关者对相关指标要素重要度的评价。设计了《甘肃农村低保政策质量调查问卷》，开展欠发达地区农村低保政策质量的实证测量，检验农村低保政策质量测量工具的适用性和可操作性。

3. 分类研究方法。为了形成一个基于农村低保政策多元利益主体感知视角的农村低保政策质量整体框架，本书借鉴穆尔和本巴萨特（Moore and Benbasat）关于信息技术创新测量工具开发的有关方法，通过两个阶段的分类研究，组织被试者对具体指标进行分类。为了评估形成的具体维度属性与初始概念框架的匹配程度，组织不同的被试者将具体维度属性分别归类到初始概念框架确定的不同类别。

4. 深度访谈法。深层访谈法是用于获取对问题的理解和深层了解的探索性研究方法。本书紧扣研究核心问题，选择 10 名左右专家进行深度访谈，为设计农村低保政策质量测量量表等提供良好基础。

3.3　研 究 路 径

如图 3 - 1 所示，本书主要包含三个阶段：概念研究、评价指标体系与量表开发和评价指标体系检验与修正。

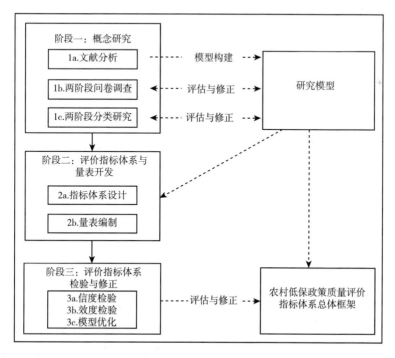

图 3 - 1　整体研究设计

阶段一：概念研究。首先，通过文献分析提出农村低保政策质量初始概念框架；其次，通过两阶段问卷调查和两阶段分类研究，对初始概念框架进行评价和修正，形成农村低保政策质量整体概念框架。

阶段二：评价指标体系与量表开发。首先，基于构建的农村低保政策质量整体概念框架，结合深度访谈数据，开发初步的评价指标。其次，在进行前测和内部讨论、修改初始测量题项的基础上进行测试。

阶段三：评价指标体系检验与修正。以甘肃农村低保政策为例，正式发放调研问卷，收集相关数据，对评价指标体系进行信度和效度检验，根据检验结果在对评价指标进行修正的基础上得到农村低保政策质量评价最终指标体系。

3.4 问卷调查研究概述

公共领域的质量概念是一个需要置入具体情境来加以识别和研究的对象。政策质量研究的重要前提是基于不同的政策类型或领域，识别该项政策的多元利益主体对政策质量内涵要素和评价指标所持的具体观点，而不能仅仅依赖于已有的文献。本书采用的两阶段分类研究方法，是一个收集和识别农村低保政策保障对象和核心利益群体对农村低保政策质量属性既有观点的有效方法。

3.4.1 第一阶段问卷调查设计

研究目的：在文献研究的基础上，使用面向农村低保政策保障对象和核心利益群体的调研问卷，请调研对象尽可能全面地列出其对农村低保政策质量要素的具体方面，以收集由多元利益主体识别的农村低保政策质量要素属性。

被试对象：问卷调查对象主要包括两类。一类是农村低保政策的直接受益者（保障对象）以及相关利益群体；另一类是对农村低保政策具有特别的经验、知识和独特视角的个人，主要是直接负责和参与该项政策制定和执行的民政、财政、审计等相关单位具体业务部门的负责人和工作人员。

调查工具与过程：具体的调研问卷列出了研究文献中提出的关于政策质量测量的主要指标要素。要求被调查对象在认真思考的基础上，尽可能多地提出自己认为的农村低保政策质量测量的指标要素。

3.4.2　第二阶段问卷调查设计

研究目的：分析第一阶段问卷调查获取的农村低保政策质量各要素指标的重要度。并对收集的数据进行探索性因子分析，将具有错综复杂关系的农村低保政策质量指标要素综合为少数几个维度。

被试对象：同第一阶段问卷调查一致，被试对象主要包括两类。

调查工具与过程：调研问卷列出了第一次调查获取的农村低保政策质量要素指标。要求每位调查对象就每个指标的重要性做出评价。问卷部分采用间隔法的尺度（likert 尺度），使用 9 点的奇数标度。测量被试者关于农村低保政策质量指标要素重要性的评价时，数值越小，表示重要性越大，数值越大，表示重要性越小。例如，"1"表示"极不重要"，"5"表示"重要"，"9"表示"极为重要"。为保证问卷具有较高的可靠性和有效性，对编制的调研问卷进行测试。

两阶段问卷调查研究使农村低保政策的质量属性不是仅从理论上或基于政策分析研究人员研究成果来定义，而是基于政策的多元利益主体识别的，从而将对农村低保政策质量属性和概念框架的构建置于具体的政策情境和政策核心利益相关者之下。

3.5　分 类 研 究 概 述

分类研究被视为是"归纳的""自下而上""探究性的""生成性"的研究技术（Duncan and Holliday，2008；Nielsen，2004）。分类方法能够提供用户或者"顾客"如何分类和聚类信息的知识（Krystal M. Lewis and Peter Hepburn，2010）。本书采用的卡片分类研究方法常被分为开放式和封闭式两类。在开放式的卡片分类中，被试者根据自身理解和期望将卡片分类为不限制的多个组别，并对不同组别进行定义。在封闭式的卡片分类中，被试者需要根据研究要求将卡片分类到预定义的各个组别中。本书的两阶段分类研究，综合运用了开放式和封闭式分类两种具体方式。

3.5.1 第一阶段分类研究设计

研究目的：对问卷调查数据进行探索性因子分析后的具体维度属性进行分类，以验证和修正农村低保政策质量初始概念框架。

被试对象：从 L 大学公共管理学院邀请的 25 名教师和研究生中随机抽选了 15 人。

分类设计与过程：每个要素（属性）指标被打印在一张大约 7.62 厘米 ×12.7 厘米的卡片上，随机排列后提供给每组参与者。参与者被要求独立地将11 个维度划分为 3 ~ 5 个类别。并就每组类别根据自身的理解加上标签。通过测量所有被试者在预期的理论分类（目标类别）中分配相应维度属性（项目）的总频率，验证分类结果的有效性和项目（维度）的可靠性。

3.5.2 第二阶段分类研究设计

研究目的：延续第一阶段分类研究采用的有效性验证方法，对分类方案的可靠性和项目的有效性进行验证。

被试对象：从 L 大学公共管理学院邀请的 25 名教师和研究生中未参加第一阶段分类研究的 10 人。

分类设计与过程：根据第一阶段分类研究揭示的分类及其维度属性划分，给被试者提供一个质量维度的属性标签。这一标签用较为精准的描述性短语说明了每个类属的内涵，从而可以避免与任一维度属性产生混淆。被试者被要求将农村低保政策质量的具体维度属性分别分配到自认为最适合的一个类别。所有的维度都要求被分配至一个相应的类属。

单一的重要度研究尽管能够确认哪些质量要素指标对农村低保政策"顾客"而言更为重要，但是也可能存在着并不能有效地识别农村低保政策质量关键特征的情况。而通过两阶段的分类研究，不仅能够对农村低保政策质量要素进行分类，而且可以就其与初始概念框架的匹配情况进行验证，形成一个基于政策多元利益主体感知的农村低保政策质量整体概念框架。

3.6 评价指标体系开发概述

基于问卷调查和分类研究形成的农村低保政策质量概念框架，以相关文献研究成果为指标体系选取的理论支撑，结合访谈数据，开发农村低保政策质量评价指标体系，并进行检验和修正。指标体系的开发主要参照丘吉尔（Churchill，1979）提出的一般范式。首先，在文献回顾与分析的基础上，结合访谈开发初步题项。其次，在进行前测和内部讨论、修改初始题项的基础上进行测试。再其次，正式发放调研问卷，收集相关数据，进行信度和效度检验。最后，根据检验结果在对指标进行修正的基础上得到最终的评价指标体系。

3.6.1 指标体系的选取

量表维度的识别，使用经过问卷调查、分类研究以及探索性因子分析等方法形成的农村低保政策质量整体概念框架的相关维度属性。进一步，通过将每个子维度操作化为一系列测量指标来构建农村低保政策质量测量量表。具体的测量题项的形成，一方面参考已有的相关研究成果；另一方面通过对农村低保政策具有特别的经验和知识与独特视角的民政、财政、审计等相关单位具体业务部门的负责人和工作人员的半结构化访谈，对测量题项进行修改和补充。

3.6.2 变量测度

量表的信度检验用来获取测量数据的可靠程度，是采用同样的方法对同一对象重复测量时所得结果的一致程度。本书采用内部一致性信度进行测试问卷的信度检验。使用探索性因子分析方法对经信度分析之后的剩余题项进行分析，检验维度的合理性。通过验证性因子分析来检验农村低保政策质量量表的建构效度（包括收敛效度和区别效度）。通过组合信度检验量表的可靠性。

3.6.3 模型测度

依据理论和探索性因子分析结果，构建农村低保政策质量测量量表的验证性因子分析模型，利用 AMOS 软件绘制验证性因子分析模型图，对农村低保政策质量模型进行验证性因子分析。采用最大似然估计法对模型进行拟合。根据修正指标表提示的各个参数的修正指标值，进行变量间的释放或删除相应的路径系数。在经反复优化的基础上形成验证性因子分析最终模型和量表，通过模型拟合指标确定模型的合理性。

3.7   样本与抽样概述

本书以甘肃农村低保政策为例，开展欠发达地区农村低保政策质量的实际评价，检验指标体系和量表的适用性和可操作性。此处就样本选择与抽样方法的有关细节说明如下。

3.7.1 分析单元

本书研究的分析单元是甘肃农村低保政策制定、执行环节，以及政策涉及的多元利益主体。政策质量测量的研究需要在政策过程视角下进行全面的考量，既考虑到政策实施的结果，又考虑到政策制定的科学性和政策执行的有效性。此外，农村低保政策涉及政府组织内部和外部的许多利益相关者。通过综合多元利益主体对政策质量的认知，能够使政策质量测量的有效性指标更加完善，并且能够顾及组织内外部不同利益相关者对农村低保政策质量测量持有的不同评估标准。

3.7.2 抽样方法

抽样就是选择观察对象的过程（Earl Babble，1975）。出于成本、实际问题等方面的原因，社会研究者往往通过抽样的方法收集数据并试图使研究结论接近实际。"如果我们选择的样本没有系统偏差，并且如果样本大小足够

大，则样本将合理地接近实际值"（Treasury，2004）。为避免抽样失败，需
要避免发生系统性偏差、样本数量太小，以及关注人口的变异性。甘肃省位
于西北内陆腹地，是一个经济社会发展相对落后的多民族聚居的省份，农村
人口和少数民族人口分别约占现有总人口的59%和8.7%。甘肃现辖12个地
级市、2个自治州，各市（州）经济社会发展也不平衡。考虑到具体的省情
特征，本书采用目的性抽样的具体策略，抽选张掖、兰州、天水、甘南、临
夏、白银、定西和陇南8个市（州）作为调研对象，以便选择的样本能够更
全面地反映甘肃省农村低保政策设计与运行的特性和功能。在此基础上，采
用多阶随机抽样的方法选择了甘州区、民乐、临泽、华亭、静宁、通渭等16
个县区；另外，采用系统抽样方法从16个县区中选择了32个乡镇。

3.7.3 数据收集

考虑一项研究试图解决的具体问题类型，是决定如何收集数据的必要基
础。欠发达地区农村低保政策质量测量问卷的调查对象包括甘肃农村低保政
策的直接受益者（保障对象），以及相关利益群体。这样的设计主要基于以
下考虑：农村最低生活保障政策质量包含多重维度和内容，其不同的质量维
度具有不同的质量特性侧重。对于政策方案、政策问题认定等的测量，作为
政策客体和利益相关群体，是必须要考虑的调查对象。

3.7.4 数据分析方法

本书运用探索性因子分析、验证性因子分析以及模糊综合评价方法等多
元统计分析方法进行数据分析。采用探索性因子分析方法，获取基于多元利
益主体感知的农村低保政策质量重要度数据的内在结构，并且对农村低保政
策质量评价维度的合理性进行检验。采用验证性因子分析方法，检验农村低
保政策质量评价指标体系的效度。

3.8 小 结

本章对本书的研究设计进行了说明。本书围绕农村低保政策质量测量这

一核心问题，基于该项政策的多元利益主体收集有关数据，形成概念框架，构建测量量表，使用实证研究方法来验证模型。如前所述，农村低保政策已成为相对独立且具有若干焦点问题的重要研究领域。尽管如此，对农村低保政策质量的内涵要素、测量指标体系的研究罕见。本书研究立足欠发达地区，以提升农村低保政策质量为研究主旨展开具体的研究，以期形成基于现实政策环境的研究结论，丰富对农村低保政策的理论研究，并对农村低保政策质量管理和提升的具体实践提供科学依据。

第4章 农村低保政策质量的概念框架

本章的目的是探究农村低保政策质量的内涵与概念框架。农村低保政策质量管理与提升的前提是了解该项政策的保障对象和利益相关者就其质量要素与评估标准所持有的具体观点。因此，对农村低保政策质量属性的识别，不可依赖已有的理论研究或经验定义，而更应在文献借鉴的基础上，从政策的多元利益主体视角收集政策质量属性。为此，本章首先结合已有文献，借鉴相关理论，提出农村低保政策质量初始概念框架；其次通过两阶段问卷调查和两阶段分类研究，在对初始评价模型进行修正的基础上，形成由该项政策保障对象和核心利益相关者识别的重要指标要素构成的农村低保政策质量的多维多层概念框架；最后对评价模型构成指标的内涵进行详细阐释。

4.1 农村低保政策质量初始概念框架

自 20 世纪 60 年代理查德·N. 卡多佐（Richard N. Cardozo）将"顾客满意"概念引入市场营销领域后，基于顾客感知的产品质量属性识别得到了广泛的应用。识别顾客的不同需求，形成顾客需求的层次结构，进一步测量各类顾客需求的重要度，构成识别产品质量属性的主要任务。20 世纪八九十年代，新公共管理运动兴起，私人部门管理中形成的理论、方法和技术被引入公共部门管理模式重塑之中。顾客满意度理论也被发达国家引入公共领域管理。提供回应性服务，满足公民（顾客）的不同需求成为公共领域管理的内在要求。

质量是政策的生命线，很大程度上也构成政策科学研究的基点。正因如此，政策质量从政策科学诞生之初发展至今一直得到学者的广泛关注。

文献综述部分，本书就政策质量的已有研究成果和存在的问题做了阐述。基于政策质量的已有文献，本书从政策方案合理性、政策执行有效性和政策结果可靠性三个方面构建了农村低保政策质量的初始概念框架（见图 4 - 1）。

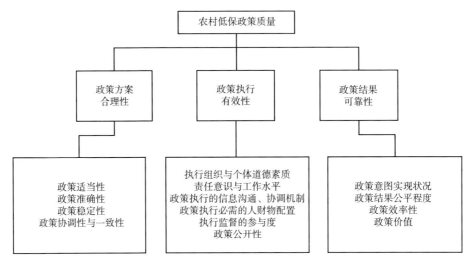

图 4 - 1　农村低保政策质量的初始概念框架

4.1.1　政策方案合理性

政策方案合理性表征的是政策方案本身具有何种程度的明晰性、稳定性等特性。政策方案本身的质量对政策执行及政策效果均具有重要的影响，正因如此也得到了学者广泛的关注。帕布罗·斯皮勒和马里亚诺·托马西（Pablo Spiller and Mariano Tommasi）以其开创性的工作，在美洲开发银行 2005 年的旗舰报告（flagship report）中总结提出政策质量的六大属性，其中，稳定性（stability）、适应性（adaptability）、一致性和协调性（coherence and coordination）三个质量特性，都指向政策方案合理性。

丁煌（2002）主张，政策制定的科学与否主要体现在"政策是否具有合理性、明晰性、协调性、稳定性以及公平性诸方面"。

此外，众多学者也针对公共政策提出了政策方案质量的具体属性，包括可靠性、精确性（Binshan Lin and Helmut Schneider），可识别性、正确性、完备性、可理解性（Samira Cherfi and Jacky Akoka），稳定性、适应性、一致性和协调性（Chuaire and Scartascini），适当性、准确性、协同性（Graversen and Karen，2008），稳定性、适应性、协调性、一致性（Carlos and Stein，2009）。

政策方案合理性与政策制定内在联结。"公共政策的制定包括：界定问题，将其提交给政府，由政府寻求解决的途径；政府组织形成若干备选方案，并选择政策方案；方案得以实施、评估和修正"（萨巴蒂尔，2004）。政策方案合理性要求在准确构建政策问题的基础上，确立正确的政策目标并据此设计、论证可能性方案，在对备选方案后果进行预测的基础上依据法定程序进行政策决策、确定最佳方案。具体而言，政策方案合理性体现在：（1）政策是否符合具体的政策问题所表明的客观情况、未实现的需要和价值，政策方案所设定的各项内容和举措是否符合现实事物的发展规律。（2）政策涉及的相关概念、政策主体、政策客体，以及政策目标和政策手段等是否清晰明确，是否能够有效避免模棱两可甚至相互冲突。（3）政策在其适用的时空范围内是否与相关政策不相抵触、不相矛盾、不相冲突。（4）政策在其标明的有效期内是否保持相对的连续性和承续性。同时，如果政策所处的经济社会环境发生变化而对政策内容提出新的要求，政策是否能够及时地加以调整。（5）政策方案在其具体内容上是否公正、不偏不倚。

4.1.2　政策执行有效性

政策执行居于政策形成与政策评估的中间环节，具有特殊的地位和作用，是把政策制定的内容变为现实的过程。制定质量很高的政策，在执行环节也可能会出现政策规避、执行偏差、执行微效等情况。政策执行质量成为影响政策结果的重要因素。政策执行有效性表征的正是政策执行过程具有何种程度的合法性、规范性、充足性和监控性，从而确保政策目标得以实现。具体而言，政策执行有效性体现在：（1）执行组织和个人的权责配置合理程度和相互之间合作与协调的程度究竟如何；执行个体的道德素质、对政策的认知认同程度、责任意识和工作标准化、精细化水平究竟如何，执行个体之间的合作意识及对政策目标的明确程度究竟如何。（2）政策执行的信息沟通、协调机制完善有效的程度。（3）关注政策执行过程所必需的人、财、物等方面的配置是否满足政策有效执行的需要。（4）聚焦政策执行监督的参与度和政策实施的公开性等方面。

4.1.3 政策结果可靠性

政策质量的高低最终要由政策实施的结果来评判。政策结果可靠性关注政策意图实现的程度和状况、政策结果的公平程度、政策的效率性，以及政策结果对于特定群体需求、价值和机会的满足程度。具体而言，政策结果的可靠性体现在：（1）政策目标、政策意图实现的程度和状况究竟如何。（2）政策方案完成所需时间和资源等方面是否具有相对经济性，政策是否使资源得到科学合理的分配，以及所投入的公共资金的支出是否不被浪费。（3）政策结果对于特定群体需求、价值和机会的满足程度究竟如何。

4.2 基于利益主体感知的农村低保政策质量要素识别

如前所述，农村低保政策质量管理与提升的前提是了解该项政策的保障对象和利益相关者就其质量要素和评估标准所持有的具体观点。但是，政策科学研究中关于政策质量测量及改进的相关文献十分有限。此外，尽管有些学者提出了政策质量的属性或维度，但往往是基于研究者对文献的梳理和自身的经验总结得出的。其不足不仅体现在忽略了参与到政策过程中的多元利益主体对政策质量属性的感知，而且也表现为不同学者研究结果之间的矛盾与冲突。本书对农村低保政策质量属性的识别，采用政策多元利益主体感知的视角，尝试识别出农村低保政策保障对象和核心利益相关者认为具有重要性的质量要素指标。具体而言：（1）通过面向农村低保政策保障对象和核心利益相关者收集数据，获取关于政策质量的潜在要素。（2）对获取的政策质量要素进行重要度分析，并通过探索性因子分析获取农村低保政策质量指标要素的内在结构，为概念框架的构建提供基础。

4.2.1 农村低保政策的多元利益主体

多元利益主体途径在组织绩效评估、安全政策质量评价等领域得到了积极的应用。与其他途径相较，多元利益主体途径的显著特点是，强调不同利益主体的意见和主张对组织有效性或政策质量等进行评价的重要性。多元利益主体途径试图识别不同的利益主体对组织有效性或者组织绩效评估等所持有的不同的观点。因为，正如康诺利（Connolly，1980）等所指出的，不同的利益主体对组织有效性的评估持有不同的主张（Connolly，Conlon and Deutsch，1980）。梅纳德和阿诺特（Maynard and Arnott，1999）指出，使用多元利益主体途径需要明确以下问题：哪些利益主体应该被考虑其中？如何获得不同利益主体所持有的具体评估标准？此处首先对农村低保政策的多元利益主体进行识别，以解决上述第一个问题。第二个问题则通过后面所述的两阶段问卷调查和两阶段分类研究来解决。

作为政府对年人均纯收入低于当地农村居民最低生活保障标准的农村常住居民实行的一种规范化的基本生活救助政策，该项政策的保障对象成为政策的核心利益主体之一。但由于保障对象需要从农村低收入群体中依据一定的收入核算机制来识别，所以农村低保政策的利益主体也包括更大范围内的农村居民，特别是低收入群体。其中，部分亚贫困群体或者说处于农村低保保障线边缘的群体成为重要的利益主体。因为，在低保保障对象识别中，有一部分低收入群体尽管在家庭收入等方面和获得低保保障对象资格的群体之间存在的差距很小，但由于覆盖面和保障资金有限而最终无法获得低保保障。这部分"边缘群体"对农村低保政策质量所持有的观点成为影响政策质量测量的重要标准。

此外，对农村低保政策过程的考察，能够识别在其政策系统中涉及的众多的利益主体。

（1）负责社会事务管理的行政组织；

（2）负责地方财政事务的政府机构；

（3）负责审计社会保障资金的筹集、管理、使用等情况的部门；

（4）负责扶贫开发工作的政府部门；

（5）其他政府部门，例如税务、宣传、公安等相关部门；

（6）关注农村低保政策的研究咨询机构、专家学者；

（7）关注并常态化报道农村低保政策的新闻媒体人员；

（8）保障政策的重要参与者，包括关注此项政策的人大代表、政协代表等；

（9）一定程度上，相关国家部委（如财政部、民政部等）也是参与者。

　　基于倡议联盟框架的甘肃农村低保政策（2006～2016 年）分析，不仅可有效识别该项政策的多元利益主体，而且能够进一步深入地分析其政策联盟。倡议联盟框架（an advocacy coalition approach）最初由萨巴蒂尔于 20 世纪 80 年代提出，其初始框架形成于 1988 年。其后，萨巴蒂尔与詹金斯—史密斯合著的《政策变迁和政策学习：倡议联盟的途径》（*Policy change and learning：an advocacy coalition approach*）一书系统性地介绍了倡议联盟框架的基本思想，并且将其运用于教育政策等领域的政策分析。此书阐明的框架体系被认为是倡议联盟框架的第二个版本。其后，在萨巴蒂尔所著的出版于 1999 年的《政策过程理论》（*Theories of Policy Process*）一书中，更具广泛解释力的倡议联盟框架的第三个版本浮出水面。一方面，该版本将"公共舆论的变化"视作影响政策子系统的外部事件；另一方面，将"主要政策变迁所需的共识程度"视作影响政策子系统的中介因素。

　　倡议联盟框架主要用于分析十年乃至数十年间的政策变迁。倡议联盟框架作为对政策过程研究阶段框架的替代理论之一被提出并成为最具影响力和发展潜力的新政策过程理论。国内学者对倡议联盟框架的学习和研究已经取得了阶段性的成果。倡议联盟框架在环境、卫生以及教育等不同的政策领域得到了广泛的应用。

　　本书发现，在农村低保政策系统中存在着三个重要的倡议联盟，分别是资金主管联盟、业务主管联盟和市（州）政府联盟。并不是前面提及的所有参与者都能够被归入某一倡议联盟。资金主管联盟主要由负责地方财政事务的政府机构，负责审计社会保障资金的筹集、管理、使用等情况的部门以及相关的智库专家构成。业务主管联盟主要由负责社会事务管理的行政机关、负责扶贫开发工作的政府部门以及相关的智库专家构成。市（州）政府联盟则主要包括各个市（州）层级的地方政府。与很多学者基于特定政策子系统的研究所主张的主要由反对联盟和支持联盟构成某一政策子系统的主要倡议联盟的观点不同，本书所提出的基于农村低保政策子系统的倡议联盟，他们并不是绝对地、简单地支持或者反对该项政策方案，而是基于其职能定位、业务范围、专业背景和服务对象而提出不同的政策主张。

　　资金主管联盟：因为承担着农村低保的预算管理、研究制定支持农村低保事业发展的具体财政政策、指导和监督农村低保的预算编制、执行、决算、绩效管理以及管理有关转移支付资金等重要职能，而在农村低保政策过程中具有举足轻重的地位。与他们的职能定位、业务范围、专业背景和服务对象等密切相关，其持有的政策核心观念是根据经济社会发展水平和财力状况，合理确定保障标准和保障范围；确保资金使用的安全性、规范性和有效性；逐步提高和稳定救助力度和保障水平。与此对应，他们通过将低保资金纳入财政预算并根据实际需求合理安排资金，进一步调整和优化财政支出结构以及实行低保资金专项管理，对资金的预算编制、分配、使用等环节实行全过程监督等具体方法来维护其政策核心。

业务主管联盟：就其职责来看主要是负责拟订政策规划、政策内容和标准；组织具体救助工作以及相关的信息管理等工作。以省级民政部门为主体构成的业务主管联盟在农村低保政策过程中居于关键的地位。他们既是该项政策"政府主导、社会参与"的运行机制得以流转的牵头部门，也是该项政策的重要参谋和助手——很大程度上，他们肩负着开展农村低保政策理论研究并助推政策体系不断优化的重要职责。与资金主管联盟不同，其持有的政策核心观念是要努力实现农村低保政策均等化，切实保障困难、特殊、优抚群体的基本权益，实现"应保尽保"。从而，其政策主张的次要方面的主要表达体现为：注重政策衔接，尽力做好城乡低保、农村五保与灾民救助以及医疗、住房、教育等专项救助的相互配套，以及规范农村最低生活保障管理，优化施保方式与申请审批等行政程序。

市（州）政府联盟：农村低保政策采用属地管理模式，各级政府具体负责所属地区政策实施，省级政府行使战略性管理与宏观指导职责；保障标准的确定方面，采取省级指导、市（州）、县具体核定的方式。省级政府根据全省经济社会发展情况，制定指导性保障标准。市（州）、县（市、区）政府参照省上指导标准确定本行政区域内的保障标准。这种运行与管理模式对市（州）政府联盟的政策核心具有很大的影响。一方面，对市、县低保资金的分配，主要按对各地实际保障人数的测算下达，补助资金与保障人数简单地正向相关。另一方面，这种低保资金分配方式以及由此导致的省级政府与市（州）政府之间权责不对等的情形，导致市（州）政府在资金方面没有明确的责任，覆盖面扩大后资金的压力多由省级政府和中央承担，市、县政府责任很小，客观上导致保障对象审核确定中弄虚作假等成为可能。

4.2.2　农村低保政策质量要素识别

国内外学者对政策质量给予了较多的关注。但是，由于学者对政策质量内涵的理解存在差异，因而对于政策质量要素的构成也提出了不同的观点。为了识别农村低保政策质量要素，本书在通过文献研究梳理汇总学者关于政策质量要素研究成果的基础上，使用面向农村低保政策保障对象和核心利益群体的调研问卷收集相关数据。调研问卷列出了文献研究获得的政策质量关键要素，并请调研对象在此基础上尽可能全面地列出其对农村低保政策质量要素所持有的具体观点。

调查对象：问卷调查对象主要包括两类。一类是农村低保政策的直接受益者（保障对象），以及相关利益群体，共有 32 人；另一类是对农村低保政策具有特别的经验、知识和独特视角的个人，主要是直接负责和参与该项政策制定与执行的民政、财政、审计等相关单位具体业务部门的负责人和工作人员，共有 14 人。

调查工具与过程：具体的调研问卷如附录 1 所示。调研问卷列出了研究文献中提出的关于政策质量的主要指标要素，包括稳定性、效率性、回应性、一致性、适应性等。要求被调查对象在认真思考的基础上，提出自己认为测量农村低保政策质量方面尽可能多的指标要素。考虑农村低保政策的直接受益者和利益相关群体在教育程度等方面的特殊情况，此类问卷的数据收集是在对调查对象进行耐心细致的解释说明的基础上收集整理而成。面向该项政策制定及实施工作人员的调研问卷是在某市市委党校举办的乡镇干部培训班学员中实施的。

结果分析：调查问卷共收集 97 个关于农村低保政策质量的要素指标（见表 4－1）。这些指标要素有的含义相对明晰，有的较为模糊。尽管指标要素的具体表述不同，但相互之间也存在意义重叠的情况。从政策过程的视角来看，基于多元利益主体识别的农村低保政策质量指标要素涉及政策问题建构、政策议程、政策决策、政策执行等政策阶段。此外，指标要素也涉及对政策结果和政策影响的评价。

表 4－1　　　由利益相关者确认的农村低保政策质量要素指标

要素	要素
综合性	协同性
资源分配合理	协调性
资源充足性	效益性
准确性	效率

续表

要素	要素
执行有效性	效果
政策有效配套、协调一致	提供及时服务
政策宣传到位	相容性
政策效率	衔接性
政策设计具有操作性	稳定性
政策能够得到必要的优化调整	完整性
政策目标清晰	完备性
政策回应度	透明度
正确性	合作性
公共利益不受侵害	提高效率兼顾公平
责任性	适用性
有形性	适应性
有效性	适宜性
影响力	适当性
易用性	时效性
一致性和协调性	时限性
一致性	守时性
信任	胜任性
目标性	生产力标准
目标具有弹性	社会价值观
明晰性	权威性
明确性	清晰性
灵活性	普遍性
良好的配置效率	沟通性
连续性	功能性
礼貌性	公正性
了解性	公平性
可执行性	公共政策之间良性循环
可用性	工作认真负责
执行有效性	工作人员专业性
程序正义	工作方式合理
可维护性	各项政策良性互补、衔接

要素	要素
可识别性	发展性
可理解性	充足性
执行符合政策初衷	参与性
可得性	便利性
可持续性	保障标准合理
可操作性	及时性
可表达性	回应性
科学性	互补性
可靠性	合目的性
经济可行	合理性
简易性	合法性
兼容性	技术可行
监控性	

4.2.3 农村低保政策质量要素重要度分析

为了分析第一次问卷调查获取的 97 个农村低保政策质量要素指标的重要度。本书设计了如附录 2 所示的调查问卷，收集相关数据并进行探索性因子分析，将具有错综复杂关系的农村低保政策质量指标要素综合为少数几个维度。

调查对象：包括两类。一类是农村低保政策的直接受益者（保障对象），以及相关利益群体，共 186 人；另一类是对农村低保政策具有特别的经验、知识和独特视角的个人，主要是直接负责和参与该项政策制定、执行的民政、财政、审计等相关单位具体业务部门的负责人和工作人员，共 172 人。

调查工具与过程：具体的调研问卷如附录 2 所示。调研问卷列出了第一次问卷调查获取的农村低保政策质量要素指标。要求调查对象就每个指标的重要性做出评价。问卷采用间隔法的尺度（likert 尺度），这也有利于数据分析过程。本书使用 9 点的奇数标度。测量被试者关于农村低保政策质量指标要素重要性的评价时，数值越小，表示重要性越大，数值越大，表示重要性越小。例如，"1" 表示 "极不重要"，"5" 表示 "重要"，"9" 表示 "极为重要"。调查问卷收集了农村低保政策质量的所有可能属性，指标之间存在明显的重复、交叉等情况。为保证本书问卷具有较高的可靠性和有效性，对编制的调研问卷进行了测试。测试选择从事社会保障专业研究教学的专业人员 5 人、乡镇负责同志 4 人、社会工作专业研究生 6 人。根据测试所得数据结果，正式问卷剔除了 54 个要素指标，共有 43 个要素指标进入正式问卷和其后的因子分析中。此次调研共收回问卷 258 份，其中有效问卷 247 份。

结果分析：表4－2 是关于调查数据的描述性统计分析。可以看出，大多数的指标要素，其重要度都在 6.050～8.650。同时，全部指标要素的重要度均值都在 5.900 以上，表明这些指标要素均构成农村低保政策质量属性的关键指标。特别是，胜任性、可得性和一致性与协调性等指标要素的均值全部达到 8.000 以上，分别为 8.270、8.350 和 8.090，表明农村低保政策保障对象、核心利益相关群体认为其对于该项政策质量而言非常重要。此外，简易性、时效性和提供及时服务三个指标的平均值较低，分别为 6.240、6.050 和 5.960，表明其对于农村低保政策质量的重要性相对较低。

表4－2　　农村低保政策质量指标要素重要度的描述性统计分析

指标要素	最小值	最大值	平均值	标准差
责任性	5	9	7.40	0.954
有形性	5	9	7.47	0.921
有效性	5	9	7.84	1.204
一致性和协调性	7	9	8.09	0.666
效益性	6	9	7.79	0.989
效率性	6	9	7.75	1.079
提供及时服务	4	8	5.96	0.837
相容性	7	9	8.18	0.658
衔接性	7	9	8.61	0.537
稳定性	6	9	7.29	0.687
透明度	4	8	6.48	0.934
合作性	6	9	7.96	0.823
回应性	5	9	7.67	0.968
时效性	4	8	6.05	1.079

指标要素	最小值	最大值	平均值	标准差
胜任性	6	9	8.27	0.836
清晰性	5	8	6.78	0.777
发展性	5	9	7.71	1.045
明晰性	5	9	7.79	0.940
公正性	5	9	7.61	1.025
连续性	5	9	6.92	0.759
可执行性	6	9	8.00	0.772
执行有效性	6	9	7.84	0.721
程序正义	4	9	6.74	0.902
可理解性	5	9	7.36	0.784
执行符合政策初衷	5	9	7.58	0.807
可得性	6	9	8.35	0.719
可操作性	5	9	7.76	0.959
可表达性	4	8	6.44	0.919
可靠性	5	9	7.46	0.920
经济可行性	5	9	7.58	0.943
简易性	5	8	6.24	0.882
兼容性	7	9	8.65	0.505
技术可行性	6	9	7.60	0.928
及时性	4	8	6.32	0.941
适应性	5	9	7.48	1.076
互补性	7	9	8.18	0.693
合理性	6	9	7.79	0.860
沟通性	5	8	7.00	0.802
灵活性	5	9	7.67	1.062
工作人员专业性	5	9	6.76	0.781
普遍性	6	9	7.72	0.971
充足性	4	8	6.54	0.894
参与性	4	8	6.52	0.825

　　为了揭示获取的农村低保政策质量重要度数据的内在结构，本书使用探索性因子分析方法进行分析。之所以采用因子分析的方法，一方面是因为作

为探索已有数据潜在结构的有效方法，因子分析适用于本书的研究。另一方面由于识别的指标要素较多，单纯使用分类研究的方法，很难保证研究的准确性。表 4 – 3 是探索性因子分析的结果。可见，共形成了 11 个维度属性（attributes）。

表 4 – 3　　　　　　　　　探索性因子分析的维度描述

维度	平均值	标准差	置信区间	Cronbach's α
责任性（可靠性、工作人员专业性、胜任性、沟通性、合作性、简易性）	7.299	0.05	7.15 ~ 7.45	0.902
有形性（充足性、可得性）	7.455	0.06	7.28 ~ 7.63	0.964
及时性（时效性、提供及时服务）	6.110	0.05	5.93 ~ 6.28	0.813
一致性和协调性（相容性、互补性、衔接性、兼容性）	8.341	0.04	8.25 ~ 8.44	0.753
稳定性（连续性）	7.106	0.05	6.97 ~ 7.24	N/A
明晰性（清晰性、可理解性）	7.310	0.07	7.16 ~ 7.46	0.787
可执行性（执行符合政策初衷、执行有效性）	7.804	0.05	7.66 ~ 7.94	0.805
程序正义（可表达性、参与性、透明度）	6.544	0.01	6.38 ~ 6.70	0.846
效率性（有效性、效益性）	7.792	0.06	7.59 ~ 7.99	0.799
回应性（公正性、普遍性）	7.667	0.05	7.48 ~ 7.85	0.822
适应性（灵活性、发展性、可操作性、经济可行性、技术可行性、合理性）	7.655	0.04	7.51 ~ 7.80	0.846

通过计算各个维度属性对应的相关性系数大于 0.5 的所有指标要素的平均值，得出了各个维度属性的均值。例如，责任性维度属性由责任性、可靠性、工作人员专业性、胜任性、沟通性、合作性和简易性 7 个指标要素组成。其均值是上述 7 个要素重要度调研数据的平均值。通过计算 Cronbach's α 系数，进一步验证了各个维度属性结构的可靠性。一般认为，Cronbach's α 系数在 0.70 以上表明测量项目的构造具有良好的可靠性。如表 4 – 3 所示，11 个维度属性的 Cronbach's α 系数范围从 0.753 ~ 0.902，表明各个维度属性的测量项目是足够可靠的。

本书采用政策多元利益主体感知的视角，尝试识别出农村低保政策保障对象和核心利益相关者认为具有重要性的质量要素指标，具有充分的必要性。研究结果也识别出一些已有文献未曾提及的农村低保政策质量要素指标。例如，责任性、胜任性、有形性和充足性等。究其原因，已有文献对政策质量的界定，往往关注政策设计本身，强调政策制定质量，不仅对政策运行质量的关注不够，而且对保障政策有效运行的有形服务、设施、设备、人员和书面材料等缺乏足够的重视。

4.3 基于利益主体感知的农村低保政策质量概念框架构建

尽可能多地引入相关研究要素指标可以有效避免遗漏重要信息。但同时，随着研究涉及要素的增多，各个要素之间的相关性可能造成信息重叠，进而增加分析问题的复杂性。第二次问卷调查和探索性因子分析获得了农村低保政策质量的 11 个维度属性，尽管这表明农村低保政策质量具有分层结构的属性，但是对于政策质量的实际测量而言其维度还是太多。另外，单一的重要度研究尽管能够确认哪些质量要素指标对农村低保政策多元利益主体而言更为重要，但是也可能存在着并不能有效地识别农村低保政策质量关键特征的情况。为此，本书基于构建的农村低保政策质量初步概念框架，借鉴穆尔和本巴萨特（Moore and Benbasat, 1991）关于信息技术创新测量工具开发的有关方法，进一步通过两阶段分类研究，对农村低保政策质量要素进行分类，并验证其与初始概念框架的匹配情况。具体而言，包括以下两点。

（1）组织被试者对具体指标进行分类，并对经分类形成的各个类别根据其内涵进行定义。

（2）为了评估形成的具体维度属性与初始概念框架的匹配程度，组织不同的被试者将具体维度属性分别归类到初始概念框架确定的不同类别。该研究的主要结果是形成一个基于多元利益主体感知视角的农村低保政策质量整体概念框架。

首先，根据之前提出的农村低保政策质量初始框架，本书创建了三个分类（见表 4-4）。并根据对三个类属和探索性因子分析所得各个维度属性内涵的认知，将 11 个维度属性分别归类到相应的类属。分类研究的目的是验证和修正初始概念框架提出的这一分类。

表 4 - 4　　　　　　　　　　　　指标要素类别划分情况

类别	要素指标	调整情况
政策方案合理性	稳定性	无
	适应性	无
	明晰性	无
	一致性和协调性	无
政策执行有效性	责任性	无
	有形性	无
	及时性	无
	程序正义	无
	可执行性	去除
政策结果可靠性	效率性	无
	回应性	无

4.3.1　第一阶段分类研究

被试对象：本研究从 L 大学公共管理学院邀请了 25 名教师和研究生参与两次分类研究。两次分类过程中，每组组成人员都由一名从事公共政策或社会事业管理研究与教学的教授，以及若干名公共管理专业的研究生组成。在开始分类之前，每组成员都接受了必要的培训，以便能够很好地理解本书所采用的分类程序并有效实施分类工作。在全部的 25 名参与者中，15 人被随机抽选参加了第一阶段分类研究。

分类设计与过程：每个要素（属性）指标被打印在一张大约 7.62 × 12.7 厘米的卡片上（见附录 3），随机排列后提供给每组参与者。在第一次分类过程中，参与者被要求独立地将 11 个维度划分为 3 ~ 5 个类别。并且，第一次分类过程中，没有给参与者提供预先设定的分类名称及其描述。每组参与者根据其对指标要素的理解将其划分到不同的类别。完成分类后，每组参与者都被要求根据自身的理解就其确定的分类加上标签。通过分析被试者在各个目标类别中分配的项目数量，分类方案的可靠性和项目的有效性可得到同步验证。具体而言，因为提供给被试者进行分类的每个维度属性（项目）都是用来衡量农村低保政策质量的一个特定的本质或结构，所以通过测量所有被试者在预期的理论分类（目标类别）中分配相应维度属性（项目）的总频率，即可以验证分类结果的有效性和项目（维度）的可靠性。某一维度属性（项目）分配到某一目标类别的比例越高，表明被试者认同其在相应类属的程度越高。同时，视为一个量表，如果各个类别内分配到"正确"的项目（维度属性）比例很高，也表明其具有较高的结构效度，具有较高的潜在可靠性得分。

可以看出，本书在这里使用的分类研究，就其程序而言更符合定性分析的特性，而不是严格的定量分析的程序。

结果分析：根据第一阶段分类研究情况，对原有 11 个维度属性的分类进行了调整。具体是，去除了政策执行有效性类属中的"可执行性"项目。这一属性之所以被去除，是因为被试者不同意将其分配到任一现有类属。具体而言，有 2 个被试者将"可执行性"项目分配到政策方案有效性这一类属，13 个被试者则将其分配给一个自定义的类属。表 4 - 5 是第一阶段分类研究的结果汇总。需要说明的是，目标类别是本书根据农村低保政策质量初始概念框架所做的一个虚拟性质的类属划分。而实际类别则是被试者对不同维度进行分配所形成的类属划分。N/A 表示"不适用"，说明实际类别不适用于任何目标类别。如表 4 - 5 所示，10 个维度属性和三个类别维度的整体适配率达到76%，表明这 10 维度属性被划分在恰当的类别。

表 4 - 5　　　　　　　　　　第一阶段分类研究结果

目标类别	实际类别				小计	适配率（%）
	政策方案合理性	政策执行有效性	政策结果可靠性	N/A		
政策方案合理性	51	5	0	4	60	85
政策执行有效性	11	39	5	5	60	65
政策结果可靠性	5	0	25	0	30	83
总项目数：150		适配数：115			整体适配率：76%	

4.3.2　第二阶段分类研究

尽管第一阶段分类研究除了删除政策执行有效性类属中的"可执行性"项目外，没有调整任何维度属性的类属划分。但是，在第一次分类过程中，参与者是在没有得到预先设定的分类名称及其描述的情形下完成的。为了进一步确认相应维度确实属于恰当的类属，本书进行了第二阶段分类研究。

被试对象：从 L 大学公共管理学院邀请的 25 名教师和研究生中，有 15 人被随机抽选参加了第一阶段分类研究。其余 10 人则参加了第二阶段分类研究。

分类设计与过程：根据第一阶段分类研究揭示的分类及其维度属性划分，本书根据不同类别所属的具体维度属性及其内涵，给被试者提供一个标签（见附录 3）。这一标签用较为精准的描述性短语说明了每个类属的内涵，从而可以避免与任一维度属性产生混淆。第二阶段分类研究的实际过程和第一阶段分类研究的过程相类似。被试者被要求将 10 个农村低保政策质量的具体维度属性分别分配到认为最适合的一个类别。所有维度都要求被分配至相应类属。延续第一阶段分类研究的有效性验证方法，对分类方案的可靠性和项目的有效性进行了验证。

结果分析：表 4 - 6 是第二阶段分类研究的结果汇总。如表 4 - 6 所示，10 个维度属性和三个类别的整体适配率达到 88%。

表 4 - 6　　　　　　　　　第二阶段分类研究的结果汇总

目标类别	实际类别			小计	适配率（%）
	政策方案合理性	政策执行有效性	政策结果可靠性		
政策方案合理性	37	3	0	40	93
政策执行有效性	3	33	4	40	83
政策结果可靠性	2	0	18	20	88

总项目数：100　　　　　　适配数：88　　　　　　整体适配率：88%

4.3.3　农村低保政策质量整体概念框架

在两阶段分类研究中，本书根据农村低保政策质量初始概念框架和最初的维度分组对每个类别进行了标记。其中，政策方案合理性类别包含了稳定性、适应性、明晰性、一致性和协调性等要素。政策执行有效性类别包括责任性、有形性、及时性、程序正义等具体要素。政策结果可靠性则包括效率性和回应性两个要素。在分类研究过程中，使用"政策方案合理性""政策执行有效性""政策结果可靠性"这样的类属标签，可以有效避免在分类过程中产生任何额外的解释或偏见，影响研究的效果。但是，总体来看，"政策方案合理性""政策执行有效性""政策结果可靠性"这样的类属标签，并不能很好地涵括其所属要素所本应该有的丰富内涵。例如，"政策方案合理性"较为强调政策方案所设定的各项内容和举措是否符合现实事物的发展规律，而忽略了对政策协调等的考量，因而不能很好地捕获其所属的稳定性、适应性、明晰性、一致性和协调性等要素的本质。因此，有必要重新审视分类研究形成的三个类别并确定一个能够较为精确地捕获其所属维度全部范畴本质属性和内涵的新标签（定义）。

最终，本书在认真分析相关维度内涵与本质的基础上，对"政策方案合理性""政策执行有效性""政策结果可靠性"三个类属进行了重新标签，分别定义为政策设计质量、政策过程质量和政策结果质量（见图4-2）。

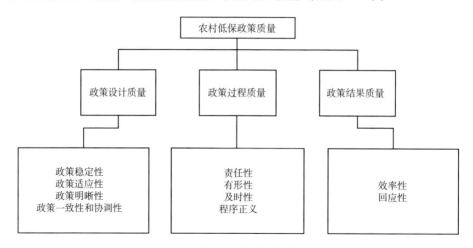

图4-2　农村低保政策质量整体概念框架

4.4　农村低保政策质量概念框架阐释

农村低保政策质量既包括政策设计质量，还包括政策过程质量和政策结果质量。可见，农村低保政策质量可以从过程视角进行评估，也可以从结果视角进行评估。质量概念本身的复杂性和多视角性使关于政策质量的研究进展较为缓慢。已有研究关于农村低保政策质量内涵及测量的研究，事实上存在着三种各异的主张：或者主张评价其政策方案，或者主张评价政策效果，也有学者主张对其政策过程进行评估。但是，仅仅关注政策过程或者政策效果，都存在明显的缺失。如果仅仅关注农村低保政策过程，那么，好的政策过程并不一定能够获得好的政策结果。相反，如果仅仅关注政策结果，也将忽略农村低保政策如何在建构政策问题的基础上得以制定和执行。正是在这一意义上，本书主张一个面向农村低保政策质量的全面概念框架，既包括政策设计质量，还包括政策过程质量和政策结果质量。正如罗杰斯和底马等学者聚焦教育政策质量的研究所得出的结论，教育的结果不仅取决于政策本身的质量，也取决于这些政策在学校、地方政府等层面的有效执行（罗杰斯和底马，2013）。斯卡塔西尼、施泰因和托马西（Scartascini，Stein and Tomma-si）等也从政策设计、政策实施等方面论述了其对政策质量的影响：公共政策的质量取决于每一个政府有能力采取跨期交易来制定和维持有效的政策。

4.4.1 政策设计质量

政策设计既可以理解为一个动词，用来指政策方案的制定过程；也可以作为一个名词来理解，意指政策内容（Anne laraosn Schneider and Helen Ingram，1988）。不论是作为政策制定过程，还是作为政策方案的具体内容，政策设计都是重要的。在解释政策结果方面，政策设计比政策执行更为重要（Linder and Peters，1987）。霍弗伯特（Hofferbert，1986）则告诫人们，应该对政策设计如何影响政策过程进行探究。可见，政策设计质量不仅包含政策制定的过程，也包含了制定的政策方案本身。

政策设计的任务开始于政策问题建构，即起始于识别通过政策需要解决的问题，并聚焦于解决特定的政策问题。如前所述，德瑞认为，在政策分析的情境下，政策问题界定是政策分析学者面临的最重要且要求最为严格的任务。一方面，政策问题界定不仅是对一组事实或观念贴上标签；另一方面，政策问题界定至少应包括以下内容：对不良或不符合需要情境的原因及后果的分析描述，以及问题如何得以缓解或解决的理论主张（德瑞，1984）。政策问题的复杂性和艰巨性使学者意识到政策问题建构是一把"双刃剑"。纳维尔和巴顿（1987）指出，政策问题建构的作用具有双面性：一方面它可以给政策形成提供富有创造力的灵感和将社会价值转化为行动建议的路径，从而可以通过形成新的政策来解决社会和经济变革带来的具体问题；另一方面也可以通过隐瞒存在的突出矛盾和现实情况，使有利于强大利益集团但却不符合广大群体利益诉求的政策得到合法化，或者形成"不良"的政策问题界定。

政策设计的另一个任务是确立政策目标。也就是说，需要清晰地提出政策应该达到的效果以及为实现这一效果而需要的"路线图"，并阐述政策效果能够得以实现的可行性。简而言之，政策目标确立的核心任务是，"就政策将要在何时、何种程度上实现怎样的公共价值做出界定"（Yukio Adach，2011）。政策设计的另一任务是形成具体合理的政策目标得以实现的"处方"。这是一个寻求实现既定政策目标最有效的方法和措施的复杂过程，需要综合考虑尽可能多的客观手段，对政策后果、可能的收益和危害等进行预测，选择能够产生最好的或者说最可取的政策结果的实现措施或各种措施的组合。

农村低保政策设计质量是指农村低保政策在决策（制定）和执行设计阶段的科学性和有效性程度。对于政策制定内涵的理解，有狭义和广义之分。狭义的政策制定包含政策问题界定、政策方案及政策决策三个阶段，广义的政策制定还包括政策执行、评估和调整三个阶段。学者大多采用狭义的政策制定概念。回顾政策科学发展历程，学者对政策执行及其对政策结果的影响给予了较多的关注，利普斯基的研究就明确提出，确保政策执行者的责任性成为对政策结果至关重要的因素。然而，不可忽视的是，政策决策（制定）和执行设计本身的质量对政策执行及政策效果具有重要的影响。正如格雷厄姆·艾利森（2015）所言，政策设计包含了"由哪些组织在何处执行什么样的程式"这些关键问题，而相应组织"必须根据制定好的常规和标准运作程序来开展工作"。农村低保政策保障标准的确定、保障对象的瞄准机制、申请和审核程序等方面的内容，都是在政策决策和执行设计中被决定的。而这些内容对于哪些困难群体能够纳入低保保障范围、能够享受何种程度的救助，以及最终实现怎样的政策目标、达到何种程度的政策满意度等都是至关重要的。

设计质量尚未在政策质量的研究中得到深入的探讨。但是，20 世纪 90 年代以来，许多旨在提高产品设计质量的方案在制造业得到了广泛的实施。时至今日，设计质量能够显著提升产品绩效并有助于提升其他质量维度性能的观点已经得到公认。一些学者将质量概念纳入公共部门研究范畴并重新界定质量在公共领域的属性和维度的研究中，也对公共政策或公共服务的设计质量予以了探究。李承圭和李俊英（2009）基于公共服务质量的研究就揭示出，设计质量对公共服务满意度提升有明显作用。他们还将设计质量归纳为三个范畴：政策设计范畴、政策实施范畴和资源投入范畴。其中，政策设计范畴是指在政策形成阶段制定和确定的政策内容的质量。政策实施范畴是对如何实施政策或服务具体设计的质量的评价。资源投入范畴则指如何以各种有形资源，例如人力、物力和财力的投入来保障有效实施政策或提供有效公共服务。丁煌主张，政策设计质量主要体现在政策是否具有合理性、明晰性、协调性、稳定性以及公平性各方面（丁煌，2002）。

4.4.2　政策过程质量

农村低保政策过程质量指农村低保政策在政策执行和最低生活保障服务提供过程中的质量。政策过程质量与政策执行密切相关，体现为农村低保保障对象和利益相关群体在农村低保政策执行和服务提供的整个过程中所感知的实际质量，其实质是政策是否如期的、以合法的方式顺利推进并获得利益群体的认可。政策执行居于政策形成与政策评估的中间环节，具有特殊的地位和作用，是把政策制定的内容变为现实的过程。制定质量很高的政策，在执行环节也许会出现政策规避、执行偏差、执行微效等情况。政策执行质量也由此成为影响政策目标实现的重要因素。政策执行一度成为政策过程研究"缺失的环节"（哈格罗夫，1975）。如今，很大程度上，由于公共事务的复杂性、多样性的加剧，导致人们对作为解决公共问题和促进社会和谐的主要工具的政策执行的重要性和复杂性的认识不断深化，从而将关注的焦点从政策制定扩展到政策形成与政策结果之间的这个"黑匣子"上。受多种因素的影响，政策执行具有复杂性、动态性和冲突性的特点。学者就影响政策执行的多样化因素等做了积极的研究，识别了一些影响变量，如政策类型、政策制定、政府组织间关系、政策执行结构及人员、制度环境以及政策工具等。

过程质量在私人部门和公共部门产品质量与服务质量的研究中均得到了应有的重视。1982 年格罗鲁斯等学者提出服务质量既包括结果质量，也包括过程质量、交互质量。自此以来，不少学者对结果质量与过程质量两个因素的关系或相对重要性进行了一系列探讨。1988 年由美国市场营销学家帕拉苏拉曼等提出的 SERVQUAL 量表就被认为是一个测量服务过程质量的有效工具，并被广泛应用于行业管理和学术研究（Buttle，1996）。苏雷什昌达（2002）提出，可以从核心服务或服务产品以及提供服务的人为因素、系统因素、有形因素和社会责任五个维度来评价服务质量。而过程质量也被确认为对服务质量具有最显著影响的因素（卡罗和加西亚，2008；科利尔和宾斯托克，2006）。考克斯和麦克·库宾斯（2001）对政策过程质量的论述不仅表明了其重要性，还对其内涵与影响因素做了解说。他们主张，一项政策尽管可以很好地制定、合法化，但如果它没有得到很好的执行，就完全无效。在一些国家，政策执行质量较差，这与政府能力的缺乏紧密相关。而政策执行质量的高低则取决于政策制定者在何种程度上激励和投资于这种政策能力的提升。丁煌和梁满艳（2014）认为，"政策执行力是决定政策执行合理有效的核心要素，是衡量政策运行质量的重要因素"，包括执行主体合法性、执行机制规范性、执行资源充足性、流程透明性等指标。

4.4.3　政策结果质量

政策结果质量指的是农村低保政策实施之后体现出的政策效果、效益与效率，具体体现在低保保障对象和利益相关群体所感知的政策结果的好坏、生活质量的改善程度和政策价值的实现程度等方面。政策质量的高低最终要由政策实施的结果来评判，因而其对整个政策质量评价起着极其重要的作用。此外，政策结果质量的测量有利于政策反馈与调整，因而在早期研究中政策科学家已对政策绩效有所关注，但往往与政策评估等同或者看作政策评估的一个环节。随着政策评估研究的深入，更加强调结果导向、更加关注政策目标群体满意程度的政策质量结果测量逐渐得到了重视。

政策结果质量与政策制定质量有关，也受执行机构、政策环境等因素的影响。政策结果质量包含政策效果、效益与效率。对于政策结果的界定，大致有两种路径：一种基于政策绩效的结果导向，关注政策目标的实现情况；另一种则"不仅关注如何测量政策结果，更关注利益相关者的满意度，并将公共价值引入政策绩效评价之中"（霍春龙，2015）。林永波也提出了政策实施结果评价的具体维度，包括政策对客观事物与环境所造成的实际影响、政策的效率、政策满足人们需要、价值或机会的有效程度、政策目标是否符合社会期待以及政策的成本与收益分配是否公平等具体方面。

本书主张，对于政策结果的测量，不仅要关注政策实施之后产生的预期和非预期的结果，更重要的是关注对会政策的价值评判，考虑不同利益相关者之间价值冲突的解决与价值共识的形成。也就是说，需要避免主要关注政策结果与政策目标的对应关系，验证政策的实际效果而忽略了公平、正义、公民满意、政府责任等公共价值。

4.5　小　　结

为了提高农村低保政策质量，需要了解农村低保政策质量对农村低保政策保障对象、核心利益群体而言究竟意味着什么。本章构建了一个农村低保政策质量的多维多层概念框架，有效识别了农村低保政策质量的重要方面。具体而言，在对有限的已有研究成果进行梳理借鉴的基础上，通过面向农村低保政策保障对象和核心利益群体的调查问卷收集了 97 个农村低保政策质量属性。通过探索性因子分析，这些质量属性被合并成责任性、有效性等 11 个维度属性。通过两阶段分类研究，剔除程序正义维度，其余 10 个维度属性又被分为 3 个类别：（1）政策设计质量，包括政策稳定性、适应性、明晰性、一致性和协调性等维度。（2）政策过程质量，包括责任性、有形性、及时性、程序正义等具体维度。（3）政策结果质量，包括效率性和回应性两个维度。这一研究发现也与本书对农村低保政策质量内涵属性的理解相吻合：农村低保政策质量内涵要素的研究，必须基于政策过程的视角，关注该项政策直接保障对象和核心利益群体对其质量属性的认知。农村低保政策质量不仅包括政策制定和政策方案的质量，也体现在政策执行和政策结果等农村低保政策的全过程。

这一研究的显著特点是，农村低保政策的质量属性是从农村低保政策保障对象和核心利益群体中收集的，而不是仅从理论上或基于政策分析研究人员研究成果来定义的。研究深刻地揭示出，农村低保政策质量是由设计质量、过程质量和结果质量三个内在关联的基本维度组成的有机体系。农村低保政策质量的每个基本维度下又有可以操作化为具体测量指标的 2~5 个不同的次级维度。这一概念框架可为农村低保政策质量评价、分析和改进提供基础。基于这种多维多层结构，一方面可以开发具体的指标体系、测量量表、调研问卷来评价农村低保政策质量；另一方面可以通过对测量结果的分析，提出改进和提升农村低保政策质量的具体路径和政策建议。

第5章 指标体系设计与测评量表编制

农村低保政策质量评价的前提是识别该项政策的多元利益主体对政策质量的真实认知。对政策质量内涵的界定和概念框架的构建只是政策质量评价的第一步，政策质量评价还必须基于合理的指标体系。上一章农村低保政策质量整体概念框架的确立为本章欠发达地区农村低保政策质量评价指标体系的设计提供了基础。首先，提供了欠发达地区农村低保政策质量评价指标分类。具体而言，可以分为政策设计质量类指标、政策过程质量类指标和政策结果质量类指标。其次，提供了欠发达地区农村低保政策质量评价一级指标。具体而言，包含上述三个指标分类下的稳定性等10个一级指标。

本章基于上一章提出的农村低保政策质量整体概念框架和维度结构，以相关文献研究成果为指标体系选取的理论支撑，结合访谈数据，开发农村低保政策质量指标体系，其重点是设计和遴选欠发达地区农村低保政策质量评价的二级指标评价要素。在此基础上，编制初始测评量表。

5.1 指标体系设计的程序与原则

5.1.1 二级指标评价要素设计的程序

艾尔·巴比（2009）认为，"建构指标并不容易；如果建构指标时出现技术失误，往往会形成许多错误指标"。其还指出，细心建构起来的指标都有可能转化为一个量表。西方学术界关于公共服务质量等方面的研究已经形成规范的测量指标体系或量表，较多的文献也涉及了公共政策质量评价的指标要素。但是，由于政策质量，特别是农村低保政策质量测量研究的成果十分有限，在确定各个一级指标下的二级指标评价要素时，缺乏足够的研究文献和理论支撑。因此，本书开发农村低保政策质量二级指标评价要素时，部分要素采用修改调整取向，部分依据访谈数据来确定。一方面，初始二级指标评价要素的开发与选择，特别是政策过程质量二级指标评价要素的开发，是在借鉴西方研究文献已有成果的基础上，结合访谈数据分析情况加以修改调整而确定的。另一方面，本书通过对农村低保政策具有特别的经验和知识的民政、财政、审计等相关单位具体业务部门的负责人和工作人员的半结构化访谈，在对访谈数据进行分析的基础上，识别、编写了部分二级指标评价要素。

5.1.2　二级指标评价要素设计的原则

艾尔·巴比（2009）认为，"建立指标的第一步是为复合指标选择项目，而这些复合指标是为测量变量建立的"。就政策质量测量指标而言，其应该是可测量的、客观的以及能够代表政策关键环节要素内容的。也就是要求这些指标可以很好地表明一项政策满足多元利益主体需求和期望的程度。二级指标评价要素作为对欠发达地区农村低保政策质量评价具体操作过程中的指标项，直接关系到评价指标体系的合理性和有效性。因此，必须遵循一定的原则。

（1）合理性原则。欠发达地区农村低保政策质量评价指标体系选取的合理性先是表现在必须坚持合理的价值取向。价值取向规定了指标体系构建的基本方向，从而对指标要素的选取构成直接的影响和制约。"中国正走向社会政策时代，需要积极的社会政策来促进经济和社会协调发展"（林闽钢，2016）。作为解决农村贫困群体基本生活问题、促进社会公平和经济社会发展不可或缺的具有伦理属性的重要政策安排，农村低保政策体现了基本生存权人人平等、国家须对民生负责的原则，是社会保障本质的最集中体现。其"公共性"的本质性要求政策必须具备合理的价值目标，采取基于公共价值的管理模式和手段，积极回应公民需求，实现公民期望，创造公共价值，不断维护和促进公共利益。与此一致，作为该项政策质量评价的指标要素，也需要以创造公共价值和维护公共利益为根本，体现正确的价值取向。

（2）导引性原则。必须符合欠发达地区农村低保政策运行的本质和特征，符合具体的政策问题所表明的客观情况、未实现的需要和价值。当前，农村低保政策日益转变为实现经济社会协调发展、持续保障和改善农村最低收入群体生活质量的根本性制度安排的战略定位，而成为治理现代化视域下基层社会治理的秩序重构的重要内容之一。并注重发挥评价指标体系在引导和提升农村低保政策变为国家"重器"所应完成的定位优化和质量提升等方面的作用，以有效提升政策的回应性，满足保障对象和核心利益群体对政策的合理期望。

（3）系统性原则。作为具有多维多层属性的欠发达地区农村低保政策质量，对其评价依赖于相互联合和制约的一组指标要素。系统性原则首先强调指标体系的全面性，要求能够系统地表征欠发达地区农村低保政策质量的具体方面，有足够的涵括性，避免遗漏并导致测量结果偏差。其次系统性原则还要求将上述若干指标体系按照科学合理的规则分类为类别和层次，从而能够系统地反映该项政策质量的不同侧面和不同的指标类别。

（4）可操作性原则。一方面，需要充分考虑指标相关数据采集的便利性、科学性。对欠发达地区农村低保政策质量评价的单个二级指标要素的选取，都应该基于该项政策的问题建构、政策运行和政策对象等客观情况，考虑到指标要素所涉及的相关数据资料收集的现实可能性。另一方面，任一指标要素的选取都必须以科学的理论为依据，与实践相结合，并且采用科学的方法，保证指标体系的针对性、可测量性，以此进一步提升测量结果的精确性和客观性。

（5）独立性原则。该原则强调关于欠发达地区农村低保政策质量评价的各个指标要素之间应该具有独立的含义与指向，不能互为替代。同时，能够一致地表征或体现欠发达地区农村低保政策质量的概念内涵与特征。具体的指标设计过程中，要尽可能避免指标之间具有重复或其他关联的情况。如若出现重复或具有关联的若干指标，应当进行慎重的比较、筛选和合并。如果确实需要有两个以上指标具有关联的情形，应当对相应指标的关联情况进行合理的说明。

5.2　二级指标评价要素的设计

之前，本书通过两阶段问卷调查和两阶段分类研究等过程，将农村低保政策质量评价指标分为政策设计质量类指标、政策过程质量类指标和政策结果质量类指标三种类别，以及稳定性等 10 个一级指标。其中，政策设计质量类指标包括政策稳定性、适应性、明晰性、一致性和协调性 4 个一级指标，政策过程质量类指标包括责任性、有形性、及时性、程序正义 4 个一级指标，政策结果质量类指标包括效率性和回应性2个一级指标。此处，针对3个指标分类及其各自的一级指标，设计和遴选欠发达地区农村低保政策质量评价的二级指标评价要素。指标要素获取的主要方法采用文献调查法，辅之以问卷调查。

5.2.1　政策设计质量二级指标评价要素设计

（1）政策稳定性。稳定性是政策重要的质量标准之一，正如玛丽亚·佛朗哥·丘艾尔和卡洛斯·斯卡塔西尼（María Franco Chuaire and Carlos Scartascini，2014）所说，即使设计良好的政策方案，如果是短期存在的或者是被连续不断修改的，也可能会没有任何效果。学者对政策稳定性的内涵有较多的阐述。斯卡塔西尼、施泰因和托马西（2009）研究指出，不同国家的政策稳定性往往存在差别，"一些国家似乎有能力维持大多数政策，但在其他国家，政策经常被逆转，通常是在政治风向的每一次小变化之后"。在政策稳定的国家，变化往往是渐进式的，建立在历届政府的成就之上，往往是通过协商一致达成的。与此相反，动荡的政策环境的特点是大幅度波动，缺乏与社会不同群体的协商。他们进一步指出，政策稳定性并不意味着政策是不能改变的，而是政策的变化是为了适应不断发展变化的经济条件，或者是对先前政策失败的应对。对此，海耶斯（Hayes）形象地指出，政策应该是"活的文件"（living documents），应该能够适应环境的变化。梅纳德与瑞鲁哈佛对政策稳定性的论述是"政策设计是否能够应对环境的变化"。段忠贤（2014）对自主创新政策的研究，主张政策稳定性是"政策的频繁调整比较少见，以及很少出现有效期内的政策废弃现象"。总结关于政策稳定性研究的已有文献，其基本内涵体现在三个方面：一是在标明的有效期内，政策应该保持相对的连续性和承续性，政府需要运用必要的资源和手段维护其权威，使该政策保持相对稳定的状态。二是非重大的或者特殊的原因（如明显的政策失效或微效）不能频繁地进行调整甚至被废弃。但是，如果政策所处的经济社会环境发生变化而对政策内容提出新的要求，则应当及时地加以调整。三是政策稳定性固然重要，保持适当的灵活性以应对环境条件变化对其的要求也同样重要（Chuaire et al.，2014）。

本书以政策承续、政策频繁调整或废弃以及政策及时调整优化三个二级指标评价要素来评价政策稳定性。

（2）政策适应性。政策适应性的含义就是某一政策是否符合具体的政策问题所表明的客观情况、未实现的需要和价值，政策方案所设定的各项内容和举措是否符合现实事物的发展规律。斯卡塔西尼（2009）等学者指出，政策的适应性可能会由于政策制定过程的"僵化"倾向而受到阻碍；同时，政策的适应性也可能会由于避免政策制定过程"僵化"以及避免机会主义操纵政策制定的明确机制的出台而受到阻碍。政策适应性是政策质量的核心要素。但是，由于具体情形的不同，政策适应性往往难以很好地实现——或者由于政府机构的原因导致难以达成，或者由于自由裁量权的滥用导致错误的政策调整，降低政策的适应程度。梳理已有研究关于政策适应性的定义，一方面，如玛丽亚·丘艾尔和卡洛斯·斯卡塔西尼（2014）的主张，如果在已有政策被证明是失败的政策的情况下，政府能够通过改变相应的政策设计来适应经济和社会环境的最新变化。另一方面，政策适应性也要求政策制定过程能随经济社会环境的变化适时启动而不陷入停滞，并且具备有效地避免机会主义者操纵政策制定过程的明确机制，或者明确的限制自由裁量权滥用的制度安排。另外，政策适应性还要求充分应用可能的危机并在较长时间内保持最优性。

本书以政策适应客观环境与要求、政策调整优化机制、政策危机应对与最优性保持三个二级指标评价要素来评价政策适应性。

（3）政策明晰性。"明确的目标和方法正是政府政策和项目的核心"（穆尔，2016），而政策方案是政策目标和政策工具的具体表达。此外，政策方案也是处理政策问题手段的表达。政策目标借由政策方案如何被决策者加以界定是政策分析学者十分关注的方面。政策目标的明确性和政策方案的明晰性是确保政策问题得以解决、政策设计实现预期效果的保障。由此可见，政策明晰性是针对具体政策设计就其目标设置、政策手段和工具确定等方面的规定。其含义是政策涉及的相关概念、政策的主客体以及政策预期目标和政策工具与手段等清晰明确，避免模棱两可甚至相互冲突。政策明晰性对于政策执行者对政策的合理认知和准确执行具有十分重要的影响。事实上，政策执行过程中出现的目标置换、执行偏差、执行阻滞等问题，往往是因为政策执行者对政策内容的错误理解而造成的。丁煌教授论及政策明晰性的重要意义时强调，"作为人们行为的一种规范，政策必须明确、清晰，决不能模棱两可、含糊不清，否则就会因政策执行者对政策目标和内容的误解或曲解而造成政策执行的阻滞"（丁煌，2002）。政策明晰性不仅影响政策执行主体对政策预期目标和执行方式等方面的不全面或错误认知，而且也会导致执行主体对政策的选择性执行、滥用自由裁量权等可能性。

　　具体以农村低保政策为例，该项政策在执行中出现的一些异化现象，在很大程度上与政策目标设置的清晰程度以及政策方案的合理程度密切相关。本书以政策规定明确度、政策模糊难以有效实施、政策模糊导致执行偏差三个二级指标评价要素来评价农村低保政策明晰性。

　　(4) 政策一致性和协调性。这是对相关政策得以融合演进并取得共同目标的程度界定。政策协调通常指"两种以上的政策得以融合演进并取得共同的目标，其目的是防止政策出现冲突"（Burns et al.，1988）。哈尔彭（Halpern，1992）进一步提出，政策协调包含两种类型，"不同政府部门政策制定过程中的协调；或者，不同的政策建议演进融合成为一项共识"。学者对政策一致性与协调性的内涵与评价提出了丰富的观点。斯卡塔西尼、施泰因、托马西（2009）等在对公共政策过程是由多个行动者共同采取行动的结果这一特性加以强调的基础上，主张政策一致性和协调性是保障政策质量的重要因素，理想情况下的政策过程应该体现为不同的政策行动者在同一政策类型（领域）中采取行动并产生一致的政策结果。但是由于政策问题涉及众多的行动者，相互之间缺乏沟通和协调的情形难以避免地存在，导致非合作的性质。这种可能性既存在于不同层级的政策机构之间，也可能发生在政策决策过程中的利益群体、行政、立法机关。泛美开发银行（Inter American Development Bank）在其关于政策质量的研究报告（*The Politics of Policies*）中提出，政策的一致性与协调性包括一项具体政策与相关政策之间协调统一的程度，以及政策设计的参与者和政策实施的行动者之间良好协调并取得一致结果的程度。该报告进一步指出，考虑决策过程中参与其中的行动者数量以及所涉及的各种利益和动机，缺乏协调可能是有意的或无意的。

　　就农村低保政策决策与实施的实际情况来看，农村低保政策涉及保障标准测定、政府及其部门职能划分、资金投入与监控等多个方面，其运行涉及不同层级政府和政府不同部门。为了保障政策顺利运行，源自不同政府和部门的相关政策数量繁多。此外，该项政策还与医疗救助、失业救助等多项政策密切相关。因此，政策协调性与一致性指农村低保政策在其适用的时空范围内能够与相关政策不相抵触、不相矛盾、不相冲突。本书以与相关扶贫政策协调一致、县乡政府配套细则契合情况、民政和财政等部门配套政策一致情况三个二级指标评价要素来评价农村低保政策一致性与协调性。

　　政策设计质量类二级指标评价要素说明汇总如表 5 - 1 所示。

表 5 - 1　　　　　　　　政策设计质量类二级指标评价要素说明

一级指标	二级指标评价要素	二级指标评价要素说明
稳定性	政策承续	政府运用必要的资源和手段维护政策权威，使其在标明的有效期内保持相对的连续性和承续性
	政策频繁调整或废弃	非重大或者特殊的原因（如明显的政策失效或微效）不能频繁地进行调整甚至被废弃
	政策调整优化	政策保持适当的灵活性以及时应对环境条件变化
适应性	适应客观需要	政策方案内容和举措符合现实事物的发展规律
	政策优化调整机制	有政策微效等情况下改变政策设计以适应经济社会环境变化的机制
	危机应对与最优性保持	充分应对可能的危机，并在较长时间内保持最优性
明晰性	政策规定明确度	政策涉及的相关概念、政策的主客体以及政策预期目标和政策工具与手段等清晰明确
	政策模糊难以有效实施	政策模糊难以有效实施的情况
	政策模糊导致执行偏差	政策模糊导致执行偏差的情况
一致性和协调性	与其他扶贫政策协调一致	在其适用的时空范围内省级政府的扶贫等相关政策不相抵触、不相矛盾、不相冲突
	县乡政府配套细则契合	县乡政府制定的各个配套细则与该政策不相矛盾
	民政、财政部门等配套政策一致	民政、财政等相关部门制度的配套政策之间不存在冲突

5.2.2　政策过程质量二级指标评价要素设计

（1）责任性。责任性表现在政策执行主体兑现政策承诺，准确可靠地履行政策意图的能力。格雷厄姆·艾利森对组织决策与执行的研究深刻地揭示出，政策由纸面上的决定到实际实施过程是分配给各个相应组织完成的。然而，每个组织通常具有"只做它会做的"的倾向，因而执行组织的能力和责任性对于政策实施的效果具有明显的影响。此外，组织内部的组成单元在行动目标上也多少会有所不同。所以关注事实上参与农村低保政策实施过程中的互动的各个行为主体显得十分必要。一项政策的执行主体可区分为组织和个人两类。从组织角度来看，地方政府、基层政府组织的形象，涉及的不同执行组织的权责配置合理程度和相互之间合作与协调的程度至关重要。从个人角度来看，执行个体的道德素质、对政策的认知认同程度、责任意识和工

作标准化与精细化水平，执行个体之间的合作意识和对政策目标的明确程度
等都是重要的考量因素。

本书以工作人员责任意识、政策执行方式方法、民政等部门协调合作情
况、工作人员关注保障对象特殊需求和困难四个二级指标评价要素来评价责任性。

（2）有形性。有形性表现为保障政策有效实施而提供必需的设备、人员
和书面材料的程度。有形性主要指向政策执行过程所必需的人财物等方面的
配置。在本书中，特别关注乡镇政府层面的执行资源配备。根据对农村低保
政策执行情况的调研发现，乡镇政府中负责农村低保工作的民政部门普遍存
在着办公设施落后、人员少且无固定编制的情况，现代信息管理手段的运用
也十分有限，不利于低保政策的有效实施，也无法形成相互监督、相互约束
和有效制衡的工作机制。

本书以政策所需人员配备、政策所需办公场所和设置配置、政策所需经
费保障三个二级指标评价要素来评价有形性。

（3）及时性。及时性表现为一种响应能力，是政策执行主体愿意帮助农
村低保保障对象的意愿，以及愿意提供及时服务的程度。及时性体现为农村
低保保障对象和核心利益群体对低保保障服务在时效方面的要求，它既包括
服务提供的速度，也内含服务提供的准时性。

（4）本书以与工作投入情况、人员工作意愿、工作及时完成情况三个二
级指标评价要素来评价及时性。

（5）程序正义。一方面，关注农村低保政策执行监督的参与度和政策实
施的公开性等方面。具体包括：信息透明度情况，例如低保对象的认定标准、
指标或名额分配等信息，民众是否难以得知，有没有充分的知情权；有没有
持续性的信息公开机制。政策宣传情况，例如宣传手段是否单一，宣传的常
态性、及时性情况如何，有没有很好地利用网络、广播等途径进行信息公开
和政策宣传；有没有在执行流程方面、管理标准化、精细化和人性化方面的
持续努力。另一方面，还关注农村低保政策执行的信息沟通、协调机制，这
既包括组织内部，也包括不同执行组织之间的沟通与协调机制；此外，执行
监督与奖惩、问责机制及其规范水平、多元主体参与政策执行监督程度等也
是重要的考量因素。

本书以监督与问责公开透明、政策宣传、保障对象认定方式三个二级指
标评价要素来评价程序正义。政策过程质量类二级指标评价要素说明汇总如
表 5 - 2 所示。

表 5 - 2   政策过程质量类二级指标评价要素说明

一级指标	二级指标评价要素	二级指标评价要素说明
责任性	工作人员责任意识	执行个体道德素质、对政策的认知程度、责任意识
	政策执行方式方法	工作标准化、准确可靠地履行政策意图
	部门协调合作	不同的执行组织的权责配置合理程度和相互之间合作与协调的程度
	关注保障对象特殊需求	工作精细化与关注政策价值水平
有形性	政策所需人员配备	保障政策有效实施的人员编制和实际配置
	政策所需办公场所和设置配置	政策有效实施的办公场所、设备和管理信息化手段等执行资源配备
	政策所需经费保障	保障政策有效实施的必要经费保障和实际投入
及时性	工作投入情况	提供及时服务的程度
	人员工作意愿	政策执行主体愿意帮助农村低保保障对象的意愿
	工作及时完成情况	工作人员能够准确及时完成相应工作或提供服务
程序正义	监督与问责公开透明	执行监督与奖惩、问责机制及其规范水平
	政策宣传	政策宣传的常态性、及时性情况，如有没有很好地利用网络、广播等途径进行信息公开和政策宣传
	保障对象认定方式	低保对象的认定标准、指标或名额分配等信息公开透明与程序规范

5.2.3 政策结果质量二级指标评价要素设计

（1）效率性。罗森布鲁姆等（2004）众多学者都曾强调政策方案要满足效率、经济和效能的要求。农村低保政策的效率性体现在政策方案完成所需时间和资源等方面具有相对经济性，政策使资源得到科学合理的分配，以及所投入的公共资金的支出不受浪费。政策能够在有效时间、合理经费和技术保障下得到较好的执行。

本书以保障资金投入水平、保障覆盖面、保障对象生活质量提升、资金支出、资金分配四个二级指标评价要素来评价农村低保政策效率。

（2）回应性。回应性是指政策执行结果对于特定群体需求、价值和机会的满足程度。作为对全社会价值的权威性分配，"公共政策要对全体公民的集体偏好加以合理回应，而不是仅仅针对"顾客"的需求"（Moore，1995）。就回应性的具体内涵而言，其"公共性"的本质性要求"政策必须具备合理的价值取向，采取基于公共价值的管理模式和手段，积极回应公民需求，不断维护和促进公共利益，创造公共价值"（侯志峰，2017）。

本书以政策结果符合社会价值和保障对象期望、政策实施维护社会公平公正、政策实施结果引发矛盾和政策实施的负面评价四个二级指标评价要素来评价农村低保政策回应性。政策结果质量类二级指标评价要素说明汇总如表 5 - 3 所示。

表 5 - 3　　　　　政策结果质量类二级指标评价要素说明

一级指标	二级指标评价要素	二级指标评价要素说明
效率性	保障资金投入水平	低保保障投入水平满足保障对象基本生活需要
	保障覆盖面	覆盖面达到应保尽保
	保障对象生活质量提升	低保家庭生活质量得以明显提升的情况
	资金支出	政策方案完成所需时间和资源等方面具有相对经济性，所投入的公共资金的支出不受浪费
	资金分配	政策使资源得到科学合理的分配
回应性	政策结果价值	政策结果符合社会价值和保障对象期望
	维护社会公平公正	政策实施很好地维护社会公平公正情况
	政策引发矛盾情况	政策实施结果引发各种矛盾的情况
	政策实施负面评价	政策实施的负面评价和质疑情况

5.3　评价指标体系的总体框架

结合农村低保政策质量整体概念框架的确立，政策设计质量类指标、政策过程质量类指标和政策结果质量类指标分类的构建，3 个指标分类下的稳定性等 10 个一级指标的确定，以及以上二级指标评价要素的设计和遴选，形成了如图 5 - 1 所示的欠发达地区农村低保政策质量评价指标体系总体框架。

该总体框架包含 10 个一级指标、34 个二级指标评价要素。欠发达地区农村低保政策质量评价指标体系涉及政策设计质量类指标、政策过程质量类指标和政策结果质量类指标。其中，政策设计质量类指标、政策过程质量类指标和政策结果质量类指标所涉及的各个方面均作为一级指标，每个一级指标下面各自包含若干个二级指标评价要素。这些指标要素分别构成对一级指标的某一个侧重面的测量依据。在具体的操作过程中，也可以通过这些二级指标评价要素来确定具体的二级指标评价项，从而为量表的编制提供基础。

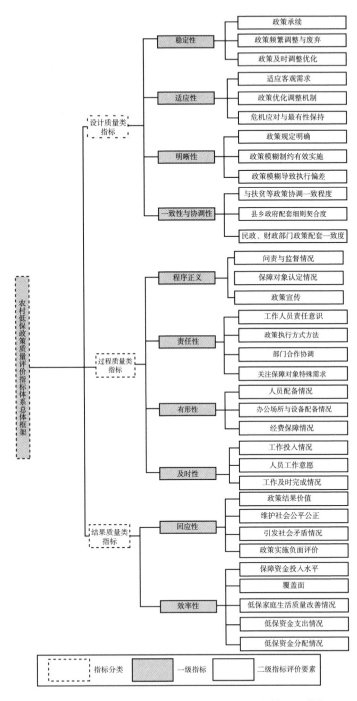

图 5－1　欠发达地区农村低保政策质量评价指标体系总体框架

5.4　欠发达地区农村低保政策
质量初始测评量表编制

　　本书前面的研究结果表明，农村低保政策质量包含设计质量、过程质量和结果质量三个主维度（指标分类），每个主维度又包含 2~5 个子维度。本章通过将每个子维度操作化为一系列测量指标来构建农村低保政策质量测量量表。从而可以通过对三个主维度的测量来反映该项政策的设计质量、过程质量和结果质量。进一步，可以通过汇总设计质量、过程质量和结果质量三个主维度的质量测量结果来客观、准确地评价农村低保政策的整体质量。

　　吉尔伯特·A. 丘吉尔于 1979 年提出的能够保证可靠性和有效性的测量量表开发范式在管理学领域也得到学者的广泛认同。结合研究设计，本书主要参照吉尔伯特·A. 丘吉尔（1979）提出的一般范式进行量表的开发。首先，在文献回顾与分析的基础上，结合访谈数据开发初步测量题项；其次，在前测和内部讨论、修改初始测量题项的基础上进行测试；再其次，发放正式问卷，收集数据，对量表进行信度和效度检验；最后，根据检验结果进一步修正初始测量量表，在此基础上得到政策质量测量的最终量表。

　　根据研究文献和访谈结果，结合上一章确定的农村低保政策质量的三个主维度，编制具体的测量题项。测量题项的设定借鉴了已有的相关研究。其中，对设计质量维度的题项设定，主要参考了斯皮勒和托马西（2005）、梅纳德和瑞格哈弗（2007）、格拉弗森和凯伦（2008）、斯卡塔西尼和施泰因（2009）等学者对政策质量属性的界定。SERVQUAL 量表作为公认的对服务质量进行测量的主流工具，已被证实可以用来对基本公共服务政策等的过程质量进行有效的测量。因而对过程质量维度的题项设定，主要参考了 SE-RVQUAL 量表的有关内容。对结果质量维度的题项设定，主要参考了斯卡塔西尼和施泰因（2009）、查德和巴巴科斯（1991）、李承圭和李俊英（2009）及托马西（2005）等的研究。在参考借鉴的基础上，通过对农村低保政策具有特别的经验和知识的民政、财政等单位具体业务部门的负责人和工作人员的半结构化访谈，对题项进行了修改和补充。

　　初始量表设计质量、过程质量和结果质量各维度包含的题项较多。其中，设计质量包含 15 个测量题项，过程质量包含 18 个测量题项，结果质量包含 13 个测量题项。通过试测，删除了含义模糊或存在歧义的题项，形成问卷调查时所用的初始量表（见表 5 - 4）。试测完成后，设计质量包括 12 个题项，过程质量包括 13 个题项，结果质量包括 9 个题项。

表 5 - 4　　　　　　　　　农村低保政策质量的初始测量题项

维度名称	序号	测量题项	来源
稳定性	WDX1	保障对象申请、保障标准等方面的规定得到了较好延续	Pablo Spiller and Mariano Tommasi, 2005; S. B. Maynard and Ruighaver, 2007; Samira Cherfi, 2002; Jacky Akoka, 2002; Anany Levitin and Thomas Redman, 1994; Graversen and Karen, 2008
	WDX2	政策在有效期内很少出现频繁调整或废弃的情况	
	WDX3	不符合实际需要的政策内容能够得到及时的优化	
适应性	SYX1	当前的低保政策能够适应经济和社会环境的发展变化	
	SYX2	当前的政策内容与措施符合低保保障对象的实际需要	
	SYX3	之前的政策在调整以后更加符合实际	
明晰性	MXX1	保障标准确定、申请、认定、资金发放管理等方面的规定很明确	
	MXX2	政策清楚地介绍了如何申请低保和领取保障金等情形	
	MXX3	身边的低保工作人员"钻政策空子"的情况比较少见	
一致性和协调性	YZX1	该政策与易地扶贫搬迁等相关政策不相冲突	
	YZX2	县乡政府制定的实施细则（办法）与该政策不相矛盾	
	YZX3	民政、财政等相关部门制定的配套政策之间不存在冲突	
责任性	ZRX1	工作人员责任意识强，能很好地执行政策规定	Binshan Lin and Helmut Schneider, 1993; Seung-Kyu Rhee and June-Young Rha, 2009; Zeithaml, Parasuraman and Berry, 1990
	ZRX2	工作人员能够根据具体情况合理调整工作方式方法	
	ZRX3	民政、财政、扶贫等部门合作与协调情况好	
	ZRX4	工作人员非常关注和帮助特殊保障对象困难（如帮助不识字的申请对象填写申请表格等）	
有形性	YXX1	政策实施所需要的人员配备齐全	
	YXX2	政策实施所需要的办公场所和设施齐全	
	YXX3	政策实施有必需的经费保障	
及时性	JSX1	保障对象的审核、资金发放等都能及时完成	Binshan Lin and Helmut Schneider, 1993; Seung-Kyu Rhee and June-Young Rha, 2009; Zeithaml, Parasuraman and Berry, 1990
	JSX2	低保工作人员态度友好、积极认真、值得信赖	
	JSX3	工作人员能够及时为不同保障对象提供需要的服务	
程序正义	ZYX1	政策监督与问责公开透明	
	ZYX2	政策信息透明度高，政策宣传手段丰富有效	
	ZYX3	保障对象的认定是平等、公开、透明的	

维度名称	序号	测量题项	来源
效率性	XLX1	保障资金能够满足低保保障对象的基本生活需要	Ernesto Stein，2009； M. F. Chuaire，2014； Scartascini，2009、 2014； Mangold and Babakus， 1991； Richard and Allaway， 1993
效率性	XLX2	覆盖面基本达到应保尽保	
效率性	XLX3	低保家庭的生活质量都得以明显提升	
效率性	XLX4	低保保障资金的支出不被浪费	
效率性	XLX5	低保保障资金得到了公正公平的分配	
回应性	HYX1	政策实施结果与社会价值和民众预期相符	
回应性	HYX2	政策实施很好地维护了社会公平与和谐	
回应性	HYX3	政策实施基本没有引发较大的矛盾	
回应性	HYX4	对政策实施的质疑和负面报道较少	

5.5　小　　结

　　本章农村低保政策质量整体概念框架，在将该项政策质量评价指标划分为政策设计质量类指标、政策过程质量类指标和政策结果质量类指标的基础上，遵循指标体系设计的一般原则，结合农村低保政策质量的特殊性，通过文献研究等方法，设计和遴选欠发达地区农村低保政策质量评价的 10 个一级指标的二级指标评价要素。最终形成了欠发达地区农村低保政策质量评价的指标体系总体框架。该总体框架包含 10 个一级指标、34 个二级指标评价要素。进一步，本章还就各个指标要素的内容进行了分析、解释和说明。基于国内学术界尚未就农村低保政策质量测度提出具体的测量量表，为以本书提出的指标体系总体框架作为评价农村低保政策质量的有效工具，本章编制了欠发达地区农村低保政策质量测度的初始测评量表。下一步，将对指标体系和测量量表进行检验和修正，进一步优化指标体系总体框架和测量题项。

第6章 信度、效度检验与修正

作为对政策质量进行测量的一种工具，评价指标体系的适用性和可靠性究竟如何，必须要经过信度与效度检测。为验证上一章形成的欠发达地区农村低保政策质量评价总体框架的可靠性并对评价指标进一步加以优化，本书以对甘肃省 8 个市（州）的农村低保政策保障对象和利益群体人员进行了问卷调查，对量表进行检验和修正。在此基础上，形成欠发达地区农村低保政策质量测量最终量表。

6.1 样本选择与数据收集

问卷法因成本相对低廉、效率较高且调查结果受他人干扰相对较小等优点而在公共管理研究中得到广泛的应用。问卷法的主要局限之一就是问卷设计本身难度较大，"调查问卷的主体内容设计得好坏，将直接影响专项调查的价值"（范柏乃和蓝志勇，2013）。本着尽量获取真实有效的研究信息的目标，问卷设计严格遵循有效性、可信性原则。一方面，力求每一测量题项尽可能具体、准确和通俗，避免使用专业性较强的概念和术语；另一方面，认真考虑被试者的教育程度、工作环境等情况，确保问卷的测量题项在被试者的知识和经验范围之内。

问卷由指导语和正文两部分组成。正文部分采用间隔法的尺度（likert 尺度），这符合农村低保政策质量难以通过定量数据来度量的实际情况。已有研究表明，多数情况下，五级量表最为可靠，具有更好的内部一致性，因而本书使用 5 点的奇数标度。测量被试者关于农村低保政策质量实际情况与题项的吻合程度时，"1"表示"极不符合"，"2"表示"不符合"，"3"表示"不清楚"，"4"表示"符合"，"5"表示"极为符合"。

　　本书的问卷调查对象主要包括农村低保政策的直接受益者（保障对象）和相关利益群体。这样的设计主要基于以下考虑：农村低保政策质量包含多重维度和内容，其不同的质量维度具有不同的质量特性侧重；对于政策方案、政策问题认定等的测量，政策客体和利益相关群体是必须要考虑的调查对象。

　　本次调研共计发放问卷 560 份，回收问卷 507 份，问卷回收率 90.5%。通过对全部回收问卷的填答情况进行审查，剔除 31 份填答不全和填答答案区分度不高的问卷，剩下 476 份问卷为具有良好填答情况的有效问卷，占回收问卷总数的 94.1%。本次研究调查问卷的发放、回收和筛选情况如表 6 - 1 所示。

表 6 - 1　　　　　　　　　　问卷发放、回收及有效问卷情况

项目	分类	数量（份）	比例（%）
性别	男	269	53.2
	女	237	46.8
年龄	25 岁以下	74	14.6
	25 ~ 30 岁	97	19.2
	31 ~ 40 岁	128	25.3
	41 ~ 50 岁	180	35.6
	50 岁以上	27	5.3

资料来源：根据调查回收到的有效问卷分析所得。

　　从人员构成来看，农村低保保障对象 269 人，占 56.5%；该项政策的相关利益群体 207 人，占 43.5%。就人员的年龄结构来看，30 岁以上的人员 335 人，占 66.2%；30 岁以下人员占 171 人，占 33.8%。

　　为保证量表具有较高的信度和效度，本书综合运用多种统计分析方法进行分析与检验。

6.2　信度检验

　　量表的信度检验用来获取测量数据的可靠程度，是采用同样的方法对同

一对象重复测量时所得结果的一致程度。本书采用内部一致性信度进行问卷的信度检验。内部一致性信度主要表征问卷测量同一概念的多个计量指标内部结构的一致性程度，一般采用克隆巴赫系数（Cronbach's α）检验量表的内部一致性信度。通常认为，Cronbach's α 系数只要达到 0.7，就表明测量量表具有良好的信度。而如果信度太低，则表明调研对象对相关题项的认知的内部一致性差。此外，"如果校正题项总相关系数（correlated item—total correlation，CITC）值小于 0.5，则说明它与同一维度其他题项间的相关性很小，剔除可以显著提高信度水平"。[①]

按照上述原则，本书运用 SPSS21.0 统计分析软件，采用内部一致性分析方法对农村低保政策质量测量总量表和分量表分别进行信度检验。

6.2.1 政策设计质量维度信度检验

对"政策设计质量"分量表的 12 个测量题项进行检验，结果如表 6 – 2 所示。可见，"政策设计质量"分量表的 Cronbach's α 系数为 0.914，具有非常好的信度系数。分量表所包含的适应性等四个评价维度下面的 12 个测量题项校正的项总计相关性系数都大于 0.5，这些测量题项对"政策设计质量"潜变量而言具有较好的可靠性。

表 6 – 2　　　　　　　　　政策设计质量分量表的信度分析结果

评价维度	测量题项	校正的项总计相关性	项已删除的 Cronbach's α 值	Cronbach's α
适应性	SYX1	0.517	0.913	0.756
	SYX2	0.602	0.910	
	SYX3	0.649	0.908	
一致性与协调性	YZX1	0.707	0.905	0.857
	YZX2	0.623	0.909	
	YZX3	0.670	0.907	

[①] Churchill G A. A Paradigm for Developing Better Measures of Marketing Constructs [J]. Journal of Marketing Research, 1979, 16 (1): 64 – 73.

续表

评价维度	测量题项	校正的项 总计相关性	项已删除的 Cronbach's α 值	Cronbach's α
稳定性	WDX1	0.658	0.907	0.804
	WDX2	0.649	0.908	
	WDX3	0.631	0.909	
明晰性	MXX1	0.761	0.903	0.930
	MXX2	0.682	0.907	
	MXX3	0.719	0.904	
Cronbach's α			0.914	

资料来源：SPSS21.0 统计分析软件输出结果。

6.2.2 政策过程质量维度信度检验

对"政策过程质量"分量表的 13 个测量题项进行检验，结果如表 6 - 3 所示。可见，"政策过程质量"分量表的 Cronbach's α 系数为 0.921，具有良好的信度系数，分量表所包含的程序正义等四个评价维度下面的 13 个测量题项间校正的项总计相关性系数都大于 0.5。因此，测量题项对"政策过程质量"潜变量而言具有较好的可靠性。

表 6 - 3　　　　　　　　政策过程质量分量表的信度分析结果

评价维度	测量题项	校正的项 总计相关性	项已删除的 Cronbach's α 值	Cronbach's α
程序正义	ZYX1	0.603	0.917	0.719
	ZYX2	0.671	0.915	
	ZYX3	0.609	0.917	
责任性	ZRX1	0.696	0.914	0.908
	ZRX2	0.736	0.912	
	ZRX3	0.725	0.912	
	ZRX4	0.706	0.913	

评价维度	测量题项	校正的项总计相关性	项已删除的Cronbach's α 值	Cronbach's α
有形性	YXX1	0.674	0.914	0.854
	YXX2	0.690	0.914	
	YXX3	0.630	0.916	
及时性	JSX1	0.548	0.920	0.792
	JSX2	0.711	0.913	
	JSX3	0.600	0.917	
Cronbach's α				0.921

资料来源：SPSS21.0 统计分析软件输出结果。

6.2.3　政策结果质量维度信度检验

对"政策结果质量"分量表的 9 个测量题项进行检验，结果如表 6 - 4 所示。可见，"政策过程质量"分量表的 Cronbach's α 系数为 0.906，具有良好的信度系数。9 个测量题项间校正的项总计相关性系数都大于 0.5。因此，测量题项对"政策结果质量"潜变量而言具有较好的可靠性。

表 6 - 4　　　　　　　　　　政策结果质量分量表的信度分析结果

评价维度	测量题项	校正的项总计相关性	项已删除的Cronbach's α 值	Cronbach's α
回应性	HYX1	0.731	0.891	0.898
	HYX2	0.647	0.898	
	HYX3	0.738	0.891	
	HYX4	0.816	0.885	
效率性	XLX1	0.631	0.899	0.838
	XLX2	0.660	0.897	
	XLX3	0.700	0.894	
	XLX4	0.614	0.900	
	XLX5	0.587	0.902	
Cronbach's α				0.906

资料来源：SPSS21.0 统计分析软件输出结果。

6.2.4　政策质量整体指标体系信度检验

对"农村低保政策质量"总量表的测量题项进行检验，结果如表 6 – 5 所示。可见，总量表的 Cronbach's α 系数为 0.930，具有非常良好的信度系数，显示量表的内部一致性很高，量表的信度甚佳。

表 6 – 5　　　　　　　　政策质量总量表的可靠性统计量（1）

Cronbach's α	基于标准化项的 Cronbach's α 值	项数
0.930	0.930	34

资料来源：SPSS21.0 统计分析软件输出结果。

从表 6 – 6 可以看出，"政策质量"总量表的斯布折半系数等于 0.767，Guttman 折半系数为 0.767，量表共包含的题项为 34 项。

表 6 – 6　　　　　　　　政策质量总量表的可靠性统计量（2）

Cronbach's α	部分 1	值	0.896
		项数	17[a]
	部分 2	值	0.892
		项数	17[b]
	总项数		34
表格之间的相关性			0.622
Spearman-Brown 系数	等长		0.767
	不等长		0.767
Guttman Split-Half 系数			0.767

a. 这些项为：SYX1，SYX2，SYX3，YZX1，YZX2，YZX3，WDX1，WDX2，WDX3，MXX1，MXX2，MXX3，ZYX1，ZYX2，ZYX3，ZRX1，ZRX2.

b. 这些项为：ZRX3，ZRX4，YXX1，YXX2，YXX3，JSX1，JSX2，JSX3，HYX1，HYX2，HYX3，HYX4，XLX1，XLX2，XLX3，XLX4，XLX5.

资料来源：SPSS21.0 统计分析软件输出结果。

归纳上述检验过程可见，政策设计质量、政策过程质量和政策结果质量各个量表的 Cronbach's α 值分别为 0.914、0.921 和 0.906。量表的总体

Cronbach's α 值为 0.930，均大于 0.7，表明各个维度的内部一致性较好，量表具有足够的信度。

6.3 探索性因子分析

本书使用探索性因子分析方法对经信度分析之后保留的 34 个题项进行分析，检验维度的合理性。吴明隆指出，"如果使用者在量表编制的过程中参考相关文献和理论后，明确将量表分为几个分量表（层面或构念），各分量表包含的题项界定十分清晰，且量表经过专家效度检验及修改，则可以在预试完成后根据各量表的层面，以层面包括的题项变量分别进行因素分析，而不用以整个量表进行因素分析"（吴明隆，2010）。本书的量表编制和题项选取等均符合上述条件。因此，此处分别对政策设计质量、过程质量和结果质量三个分量表进行探索性因子分析。

参照梁建、樊景立（2012）的观点，在探索性因子分析中，因子负荷系数一般要求达到 0.5 以上。为此，本书对维度验证和单维度问题的修正，主要采用以下方法：（1）直接删除在主要因子上均未达到 0.5 及以上的负荷较小的题项。（2）直接删除存在交叉负荷的题项。存在交叉负荷的判断标准是，某一题项在两个或两个以上因子上均有较大负荷（达到 0.4 以上）。（3）删除实际数据与理论预期的因子抽取不一致的题项。为了验证数据是否适合做探索性因子分析，本书运用 SPSS21.0 统计分析软件进行 KMO 和 Bartlett's 球型检验。一般认为，当 KMO 值大于 0.7，并且 Bartlett's 球型检验值小于 0.01 时，方可进行因子分析。

6.3.1 政策设计质量维度的探索性因子分析

运用 SPSS21.0 统计分析软件对政策设计质量分量表进行 KMO 和 Bartlett's 球型检验。数据表明，KMO 值为 0.889 且 Bartlett's 球形检验显著（$p < 0.01$），说明数据适合做因子分析（见表 6 - 7）。

在 SPSS 内设的选项中，因子分析萃取的乃是界定特征值大于 1 以上的因子。有时此种方法萃取出的因素数与使用者原先的编制或相关理论有所出入。因此，在使用者修订或编制量表时已将题项归类为数个明确因素的，在进行因素分时可以设定所欲抽取共同因素的数目（吴明隆，2010）。本书在编制政策设计质量分量表时，已将题项归为 4 个明确的因子，因而在进行因子分析时采用限定抽取共同因子法，设定所欲抽取共同因子的数目为 4，以主成分分析法做正交旋转，结果如表 6 - 8 所示，共提取了 4 个因子。根据测量题项的内涵，将 4 个因子分别命名为"稳定性""明晰性""一致性和协调性""适应性"。从表 6 - 9 中可以看出，4 个因子解释的总方差达到 78.152%。

表 6 - 7　　政策设计质量分量表构成要素的 KMO 和 Bartlett 检验

取样足够度的 Kaiser-Meyer-Olkin 度量	0.889
Bartlett 的球形度检验	1540.923
	66
	0.000

资料来源：SPSS21.0 统计分析软件输出结果。

表 6 - 8　　　　　　政策设计质量分量表的探索性因子分析

测量题项	成　分			
	1	2	3	4
SYX1	0.389	0.103	0.019	0.750
SYX2	0.084	0.273	0.302	0.768
SYX3	0.208	0.186	0.457	0.627
YZX1	0.231	0.849	0.249	0.167
YZX2	0.153	0.826	0.165	0.227
YZX3	0.250	0.783	0.278	0.115
WDX1	0.180	0.197	0.764	0.287
WDX2	0.317	0.175	0.764	0.129
WDX3	0.155	0.345	0.725	0.128
MXX1	0.797	0.267	0.341	0.186
MXX2	0.864	0.163	0.179	0.264
MXX3	0.875	0.261	0.217	0.175

资料来源：SPSS21.0 统计分析软件输出结果。

表 6 – 9   政策设计质量分量表的解释的总方差

成分	初始特征值			提取平方和载入			旋转平方和载入		
	合计	方差(%)	累积(%)	合计	方差(%)	累积(%)	合计	方差(%)	累积(%)
1	6.236	51.966	51.966	6.236	51.966	51.966	2.645	22.040	22.040
2	1.253	10.445	62.411	1.253	10.445	62.411	2.489	20.745	42.785
3	1.026	8.550	70.961	1.026	8.550	70.961	2.355	19.623	62.408
4	0.863	7.191	78.152	0.863	7.191	78.152	1.889	15.744	78.152
5	0.559	4.658	82.811						
6	0.430	3.585	86.396						
7	0.424	3.532	89.928						
8	0.373	3.109	93.037						
9	0.333	2.778	95.815						
10	0.198	1.654	97.469						
11	0.180	1.500	98.969						
12	0.124	1.031	100.000						

提取方法：主成分分析法。

资料来源：SPSS21.0 统计分析软件输出结果。

由于题项 SYX3 在两个因子上均有较大负荷（达到 0.4 以上），存在交叉负荷的情况，所以根据之前确立的验证和修正原则，直接删除该题项。

6.3.2 政策过程质量维度的探索性因子分析

运用 SPSS21.0 统计分析软件对政策过程质量分量表进行 KMO 和 Bartlett's 球型检验。数据表明，KMO 值为 0.907 且 Bartlett's 球形检验显著（p < 0.01），说明数据适合做因子分析（见表 6 – 10）。

表 6 – 10   政策过程质量分量表构成要素的 KMO 和 Bartlett 检验

取样足够度的 Kaiser-Meyer-Olkin 度量	0.907
Bartlett 的球形度检验	1605.109
	78
	0.000

资料来源：SPSS21.0 统计分析软件输出结果。

　　本书在编制政策过程质量分量表时，已将题项归为4个明确的因子，因而在进行因子分析时依旧采用限定抽取共同因子法，设定所欲抽取共同因子的数目为4，以主成分分析法做正交旋转，结果如表6-11所示，共提取了4个因子。根据测量题项的内涵，将4个因子分别命名为"责任性""有形性""程序正义""及时性"。从表6-12中可以看出，4个因子解释的总方差达到75.325%。

表6-11 　　　　　　　　政策过程质量分量表的探索性因子分析

测量题项	成　　　分			
	1	2	3	4
ZYX1	0.188	0.198	0.774	0.210
ZYX2	0.473	0.215	0.382	0.376
ZYX3	0.290	0.225	0.747	0.077
ZRX1	0.873	0.246	0.127	0.120
ZRX2	0.854	0.200	0.183	0.223
ZRX3	0.782	0.233	0.235	0.200
ZRX4	0.705	0.284	0.260	0.182
YXX1	0.271	0.729	0.209	0.273
YXX2	0.318	0.817	0.255	0.091
YXX3	0.231	0.816	0.217	0.132
JSX1	0.192	0.140	0.157	0.843
JSX2	0.169	0.306	0.671	0.451
JSX3	0.238	0.163	0.221	0.791

资料来源：SPSS21.0统计分析软件输出结果。

表6-12 　　　　　　　　政策过程质量分量表的解释的总方差

成分	初始特征值			提取平方和载入			旋转平方和载入		
	合计	方差(%)	累积(%)	合计	方差(%)	累积(%)	合计	方差(%)	累积(%)
1	6.771	52.087	52.087	6.771	52.087	52.087	3.293	25.330	25.330
2	1.216	9.353	61.440	1.216	9.353	61.440	2.377	18.285	43.615
3	1.052	8.093	69.533	1.052	8.093	69.533	2.155	16.575	60.189
4	0.753	5.792	75.325	0.753	5.792	75.325	1.968	15.136	75.325
5	0.587	4.512	79.836						
6	0.502	3.863	83.699						

续表

成分	初始特征值			提取平方和载入			旋转平方和载入		
	合计	方差（%）	累积（%）	合计	方差（%）	累积（%）	合计	方差（%）	累积（%）
7	0.436	3.351	87.050						
8	0.412	3.173	90.223						
9	0.350	2.692	92.915						
10	0.299	2.301	95.216						
11	0.285	2.195	97.411						
12	0.208	1.601	99.012						
13	0.128	0.988	100.000						

资料来源：SPSS21.0统计分析软件输出结果。

由于 ZYX2、JSX2 两个题项在主要因子上均未达到 0.5 以上的负荷，并且这两个题项均在两个因子上有较大负荷（达到 0.4 以上），存在交叉负荷的情况，所以直接删除这两个题项。

6.3.3 政策结果质量维度的探索性因子分析

运用 SPSS21.0 统计分析软件对政策结果质量分量表进行 KMO 和 Bartlett's 球型检验。数据表明，KMO 值为 0.901 且 Bartlett's 球形检验显著（p < 0.01），说明数据适合做因子分析（见表 6 - 13）。

表 6 - 13　政策结果质量分量表构成要素的 KMO 和 Bartlett 检验

取样足够度的 Kaiser-Meyer-Olkin 度量	0.901
Bartlett 的球形度检验	1075.052
	36
	0.000

资料来源：SPSS21.0统计分析软件输出结果。

以特征值大于 1 为选取因子的标准，以主成分分析法做正交旋转，结果如表 6 - 14 所示，共提取了 2 个因子。根据测量题项的内涵，将 2 个因子分别命名为"回应性"和"效率性"。从表 6 - 15 中可以看出，2 个因子解释的总方差达到68.6%。

从表6-14中可以看出，题项 HYX4 在两个因子上均有较大负荷（达到 0.4 以上），存在交叉负荷的情况，所以直接删除这个题项。此外，题项 XLX3 在第2个因子上的载荷也达到0.4，考虑该题项作为对农村低保政策质量进行评估的主要指标之一，已在相关研究中得到多次应用，故综合考虑后决定保留此题项。

表6-14　　　　　　　政策结果质量分量表的探索性因子分析

测量题项	成分	
	1	2
HYX1	0.239	0.910
HYX2	0.370	0.660
HYX3	0.255	0.894
HYX4	0.475	0.760
XLX1	0.726	0.272
XLX2	0.786	0.251
XLX3	0.690	0.400
XLX4	0.694	0.282
XLX5	0.723	0.214

资料来源：SPSS21.0统计分析软件输出结果。

表6-15　　　　　　　政策结果质量分量表的解释的总方差

成分	初始特征值			提取平方和载入			旋转平方和载入		
	合计	方差(%)	累积(%)	合计	方差(%)	累积(%)	合计	方差(%)	累积(%)
1	5.159	57.319	57.319	5.159	57.319	57.319	3.111	34.569	34.569
2	1.015	11.281	68.600	1.015	11.281	68.600	3.063	34.031	68.600
3	0.645	7.164	75.764						
4	0.542	6.025	81.789						
5	0.506	5.623	87.412						
6	0.445	4.950	92.362						
7	0.317	3.522	95.884						
8	0.225	2.497	98.381						
9	0.146	1.619	100.000						

资料来源：SPSS21.0统计分析软件输出结果。

上述对设计质量、过程质量和结果质量三个分量表依次进行的探索性因子分析，删除了 SYX3、ZYX2、JSX2 和 HYX4 共四个题项。因此，在完成探索性因子分析后，还需要对检验、修正后的各个分量表以及量表的各个构面进行信度分析。结果如表 6 - 16 所示，设计质量、过程质量和结果质量三个分量表的内部一致性信度系数分别为 0.908、0.905 和 0.885，均大于 0.8。此外，量表各个构面的内部一致性信度系数也十分理想。而且，删除上述 4 个题项后，各个分量表的内部一致性信度系数均明显有所提高。

表 6 - 16　　　　　　分量表及其各个构面的信度分析结果

分量表	测量维度	Cronbach's α	
设计质量	稳定性	0.804	0.908
	适应性	0.649	
	一致性与协调性	0.875	
	明晰性	0.930	
过程质量	责任性	0.908	0.905
	有形性	0.854	
	及时性	0.743	
	程序正义	0.653	
结果质量	回应性	0.860	0.885
	效率性	0.838	

资料来源：SPSS21.0 统计分析软件输出结果。

综合上述研究过程和结果，测量量表的题项经过净化后，共保留了 30 个测量题项。其中，政策设计质量分量表包含 11 个测量题项，政策过程质量分量表包含 11 测量题项，政策结果质量分量表包含 8 个测量题项。

6.4　效度检验

效度是指"测量工具或手段能够准确测出所需测量事物的程度"（范柏乃和蓝志勇，2013）。效度越高说明测量结果与要考察的内容相关性程度越高。本书从内容效度、收敛效度、区别效度和工具效度等方面对测量工具的效度进行检验。

6.4.1 内容效度评估

内容效度指问卷的题目能够覆盖所研究内容的程度，包括清楚地定义研究领域及其结构，以及在问卷题目中清楚地反映样本的特性。内容效度主要强调专家判断在决定量表效度中的作用，而非通过相关系数分析进行效度评估（Gatewood et al.，2001）。本书在借鉴已有文献研究成果的基础上，结合深度访谈数据编制了农村低保政策质量初始测量量表，并邀请10位熟悉该领域的专家对量表的题目进行了审定和修改，保证了农村低保政策质量测量量表的题目切合实际。此外，问卷编制过程中，尽可能注意每一调查题目的遣词造句，力求做到通俗具体、简单明确，避免与被试者以及被试者相互之间因为语句而对问题产生不一致的理解，进而影响调查的效度。出于对调查结果能够客观真实反映被试者情况的考虑，本书在问卷设计中，一方面特别注意每一具体测量题项能够尽可能具体、准确和通俗，避免使用专业性较强的概念和术语；另一方面认真考虑被试者的教育程度、工作环境等情况，尽量确保问卷的测量题项在被试者的知识和经验范围之内。可以说，问卷的内容效度较高。

6.4.2 收敛效度评估

建构效度是一种相当严谨的效度检验方法（王宝进，2002）。建构效度通常通过收敛效度和区分效度检验。收敛效度（convergent validity）指运用不同测量方法测定同一特征时测量结果的相似程度，即不同测量方式应在相同特征的测定中聚合在一起。收敛效度可以通过检验各项特征之间的相关系数来判断。本书通过验证性因子分析来检验量表的建构效度。此处先进行收敛效度的检验。

依据理论和探索性因子分析结果，构建农村低保政策质量测量量表的一阶三因子验证性因子分析模型，并利用AMOS20.0绘制验证性因子分析模型图，对农村低保政策质量测量量表的30个有效测量题项进行一阶验证性因子分析。采用最大似然估计对模型进行拟合。发现JSX1的因子载荷为0.32，不在0.5~0.95的有效载荷范围之内。删除这一题项后，重新进行一阶验证性因子分析。发现设计质量（DQ）、过程质量（PQ）和结果质量（RQ）3个因子间显著性相关。由此，构建农村低保政策质量量表的二阶三因子验证

性因子分析初始模型，并利用 AMOS20.0 绘制初始模型（见图 6 – 1）进行二
阶验证性因子分析。

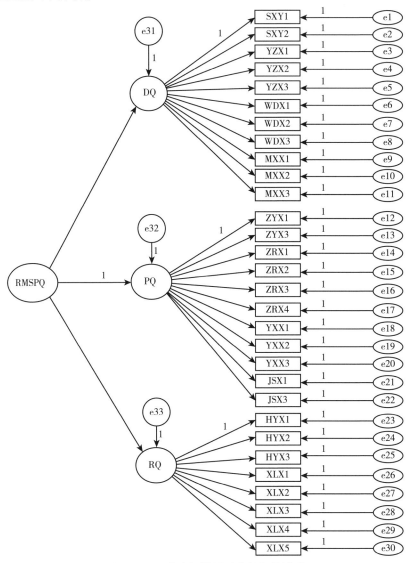

图 6 – 1　二阶验证性因子分析初始模型

农村低保政策质量（RMSPQ）测量的二阶验证性因子分析模型包含政策
设计质量（DQ）、政策过程质量（PQ）和政策结果质量（RQ）3 个一阶因
子构念以及 30 个观察变量。其中，政策设计质量（DQ）和政策过程质量
（PQ）均包含 11 个观察变量，政策结果质量（RQ）包含 8 个观察变量。每

个一阶指标和观察变量都预设了估计残差项。初始模型假设观察变量之间不存在误差共变，也不存在跨负荷量，每个观察变量均仅受一个一阶因子构念的影响。

采用最大似然估计对模型进行拟合。由非标准化输出模型图的数据可知，没有出现负的误差变量，所有误差变异都达到显著性水平，说明模型界定并无问题。

图 6 - 2 是二阶验证性分析的标准化估计结果模型。从图中可以发现，测量变量 JSX3 在过程质量（PQ）初阶因子的因子负荷量为 0.32，不在 0.5 ~ 0.95 的有效载荷范围之内，其余测量变量在各自初阶因子上的因子负荷量在 0.52 ~ 0.94，均在有效范围之内。删除 JSX3 这一题项后，对模型进行了修正，重新进行二阶验证性因子分析。可以发现，初阶因子设计质量（DQ）与 11 个观测变量题项的因子负荷量分别为 0.52、0.75、0.87、0.71、0.73、0.68、0.65、0.83、0.88、0.85 和 0.93。初阶因子过程质量（PQ）与 10 个观测变量题项的因子负荷量分别为 0.65、0.71、0.88、0.91、0.80、0.77、0.75、0.65、0.71 和 0.79。初阶因子结果质量（RQ）与 8 个观测变量题项的因子负荷量分别为 0.89、0.64、0.94、0.66、0.55、0.58、0.69 和 0.77。这些因子负荷量全部都在 0.5 ~ 0.95 的有效范围内，说明模型具有较好的收敛效果。

但是，通过对模型总体拟合指数的分析和整理发现，该模型拟合效果并不理想，模型的某些参数有必要做进一步的修正。根据修正指标表提示的各个参数修正指标值可以发现，最为明显的修正指标是部分测量误差之间存在共变关系。若释放这些测量误差变量，可以改善卡方值。

根据吴明隆等学者的观点，如果研究者认为误差变量之间并非独立无关，可以增加误差变量的相关（吴明隆，2009）。此外，通过对存在共变关系的误差变量对应的测量题项的分析可以发现，虽然每一测量题项的具体内容完全不同，测量的具体方面也不同，但是由于均是对农村低保政策质量相关情况的测度，所以受到被试者本身对题目的理解等影响而导致可能存在部分相关。也就是说，这也符合经验法则。

在 SEM 测量模型修正中，允许测量误差间有共变关系也并不违反 SEM 的假定。当参数的修正指标值较大时，表示有必要进行变量间的释放或删除相应的路径系数。根据修正指数摘要，本书首先释放修正指数最大的 e3 和 e4 的变量；其次查看其适配指数的变化。e3 和 e4 的变量释放后，RMR、AIC

比变量释放前变小，PNFI、GFI、NFI 等比变量释放前变大，说明模型的适配
程度有所改善，但是 NFI、IFI 等还是没有达到适配标准，说明模型还需要进
一步修正。

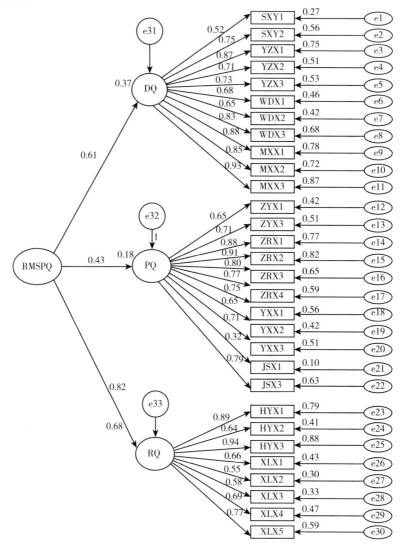

图 6 – 2　二阶验证性因子分析初始模型标准化估计结果

根据修正指数提示，本书释放了 e14 和 e15、e3 和 e5、e19 和 e20、e27 和
e28、e18 和 e19、e6 和 e9、e4 和 e5、e8 和 e9、e7 和 e8 等误差变量之间的相
关。并且发现在误差变量释放过程中 SYX1、MXX2 和 MXX3 的载荷系数不在

0.5~0.95 的有效范围之内，故进一步删除了这些题项，对模型做了修正。经反复优化，得到二阶验证性因子分析的最终模型（见图6-3）和量表。

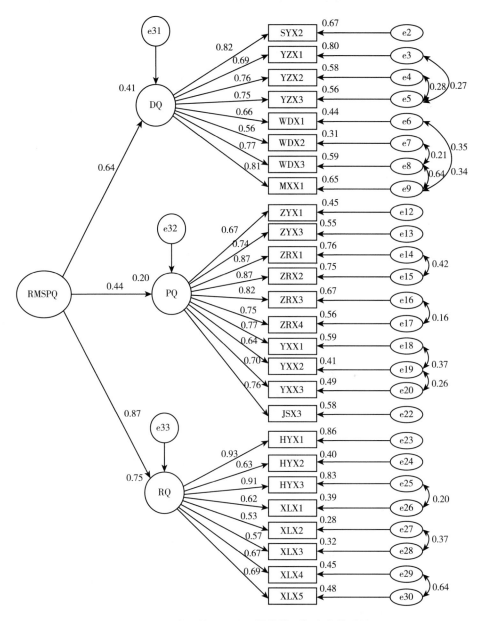

图6-3　二阶验证性因子分析最终模型标准化估计结果

上述数据与模型检验的判断标准整理汇总后如表6-17所示。

表 6 - 17 　　　　　　　　　　**二阶验证性因子最终模型总体拟合指标**

统计检验量	适配的标准或临界值	模型的检验结果	适配判断
绝对拟合优度指数			
χ^2	显著性概率值 p > 0.05 （未达显著水平）	0.000	否
GFI 值	> 0.90	0.937	是
RMR 值	< 0.05	0.031	是
RMSEA 值	< 0.08	0.040	是
增值拟合优度指数			
NFI 值	> 0.90	0.955	是
RFI 值	> 0.90	0.945	是
IFI 值	> 0.90	0.977	是
TLI 值	> 0.90	0.942	是
CFI 值	> 0.90	0.977	是
简约拟合优度指数			
PGFI 值	> 0.50	0.708	是
PNFI 值	> 0.50	0.779	是
PCFI 值	> 0.50	0.797	是
CN 值	> 200	349	是
χ^2 自由度比	< 2.00	1.990	是
AIC 值	理论模型值小于独立模型值， 且小于饱和模型值	699.362 < 11817.256 699.362 < 702.000	是
CAIC 值	理论模型值小于独立模型值， 且小于饱和模型值	1164.353 < 11957.835 1164.353 < 2599.815	是
模型内在品质			
所估计的参数	p < 0.05 （达到显著性水平）		是
基本适配度指标			
因子负荷量	0.50 ~ 0.95	0.53 ~ 0.93	是
误差变异	都达到显著性水平， 且没有负的误差变异	都达到显著性水平， 且没有负的误差变异	是

从因子负荷量来看，从表 6 – 17 中可以发现，各指标的负荷系数均在有效范围内（0.5 ~ 0.95），所有 T 值均达到 2.58 以上的显著性水平。整体拟合指标 RMSEA 为 0.040，卡方值系数为 1.990，小于 2。综上所述，农村低保政策质量量表具有较为理想的收敛效度。

6.4.3　区分效度评估

区分效度是对相关构念之间测量的差异性的衡量。在本研究中，即是需要检验政策设计质量（DQ）、政策过程质量（PQ）和政策结果质量（RQ）三个维度之间的差异性。区分效度的评估有多种方法。一种方法是"通过比较各个维度之间的相关系数与相应的维度信度系数的大小来进行评估。如果各维度之间的相关系数均小于各自的信度系数，通常认为各个维度内部的一致性较好，而与其他维度之间的相关性比较低，也即每一维度具有相对独立性"（殷俊明等，2014）。与其他维度具有区分效度。另一种应用较为普遍的区分效度评估方法是卡方差异检验法（Chi-square difference test）。通过比较两个维度之间的相关系数设定为 1 的限制模型与非限制模型之间的 χ^2 差值的显著性来评估区分效度。还有一种较为严谨的区分效度评估方法是"比较两个构念的个别平均方差抽取量与两个构念之间的相关系数。如果两个构念的方差抽取量大于两个构念的相关系数的平方，则表明两个构念之间具有良好的区别效度"（殷俊明等，2014）。

本书使用卡方值差异检验方法来对农村低保政策质量测量量表的区分效度进行评估。在一阶验证性因子分析模型的基础上，建立限制模型，分别将设计质量和过程质量、过程质量和结果质量以及设计质量与结果质量维度间的相关系数设定为 1。运行一阶验证性因子分析，并将其结果与非限制模型，即原一阶验证性因子分析模型检验结果进行比较。

结果显示，"设计质量—过程质量"潜在构念的非限制模型的卡方值为 524.7，自由度为 265，限制模型的自由度为 266，卡方值为 927.1。卡方差异值为 402.4，卡方值差异量显著性检验的概率值 p = 0.000 < 0.05，达到 0.05 的显著水平，表明两个模型之间有显著不同。与限制模型相比，非限制模型的卡方值显著较小，表示"设计质量—过程质量"两个潜在构念之间的区别效度良好。

此外，"过程质量—结果质量"潜在构念的非限制模型的卡方值为

524.7，自由度为 265，限制模型的自由度为 266，卡方值为 750.9。卡方差异值为 226.2，卡方值差异量显著性检验的概率值 p = 0.000 < 0.05，达到 0.05 的显著水平，表明两个模型之间有显著不同。与限制模型相比，非限制模型的卡方值显著较小，表示"过程质量—结果质量"两个潜在构念之间的区别效度良好。

"设计质量—结果质量"潜在构念的非限制模型的卡方值为 524.7，自由度为 265，限制模型的自由度为 266，卡方值为 719.8。卡方差异值为 195.1，卡方值差异量显著性检验的概率值 p = 0.000 < 0.05，达到 0.05 的显著水平，表明两个模型之间有显著不同。与限制模型相比，非限制模型的卡方值显著较小，表示"过程质量—结果质量"两个潜在构念之间的区别效度良好。

综上所述，该量表的设计质量、过程质量和结果质量三个维度之间具有明显的区别效度。

6.4.4 组合信度评估

一般认为，在检验 α 信度的基础上，还需要进一步通过组合信度检验量表的可靠性。"潜在变量的组合信度是模型内在质量的判别准则之一。如果潜在变量的组合信度值达到 0.60 以上，则表明模型的内在质量理想"（吴明隆，2010）。根据标准化回归系数估计值可以计算出设计质量、过程质量和结果质量三个潜在变量的组合信度。将各测量指标变量的因子负荷值、信度系数、测量误差变异量等整理为如表 6 – 18 所示。

表 6 – 18　　　　各变量的因子负荷值、信度系数与测量误差变异量

测量指标	因子负荷	信度系数	测量误差	组合信度	平均变异量抽取值
SYX2	0.815	0.665	0.335		
YZX1	0.892	0.796	0.204		
YZX2	0.760	0.578	0.422		
YZX3	0.746	0.557	0.443		
WDX1	0.664	0.441	0.559	0.914	0.574
WDX2	0.555	0.308	0.692		
WDX3	0.770	0.593	0.407		
MXX1	0.809	0.655	0.345		

测量指标	因子负荷值	信度系数	测量误差	组合信度	平均变异量抽取值
ZYX1	0.669	0.448	0.552		
ZYX3	0.741	0.549	0.451		
ZRX1	0.870	0.757	0.243		
ZRX2	0.868	0.754	0.246		
ZRX3	0.819	0.671	0.329	0.931	0.576
ZRX4	0.749	0.562	0.438		
YXX1	0.766	0.586	0.414		
YXX2	0.637	0.406	0.594		
YXX3	0.700	0.419	0.581		
JSX3	0.762	0.58	0.42		
HYX1	0.930	0.865	0.135		
HYX2	0.632	0.400	0.6		
HYX3	0.913	0.833	0.167		
XLX1	0.622	0.387	0.613		
XLX2	0.527	0.277	0.723	0.886	0.502
XLX3	0.569	0.324	0.676		
XLX4	0.670	0.449	0.551		
XLX5	0.694	0.481	0.519		
DQ ←RMSPQ	0.637	0.406	0.594		
PQ ←RMSPQ	0.444	0.197	0.803	0.698	0.453
RQ ←RMSPQ	0.869	0.755	0.245		

经计算，设计质量、过程质量和结果质量三个潜变量相互之间的组合信度分别为 0.914、0.931 和 0.886，三个维度的 CR 值均达到很好的水平。在因子负荷值方面，载荷最低值为 0.52，达到 0.5 的最低要求。综上所述，所保留的测量题项具有较好的组合信度。

6.5　指标权重的确定

农村低保政策质量评价指标体系的各个具体指标的权重，代表的是每一指标对于农村低保政策质量的重要程度和具体贡献度。政策质量评价与测量是检验政策制定、执行和实施效果的一种重要手段，也是改善公共政策决策质量、执行质量和实现政策预期目标的根本要求。论文之前的研究揭示出，农村低保政策质量具有多维多层属性，各维度、各指标对总体政策质量的相对重要性也不尽相同。这使合理确定各维度和指标对于政策质量的相对权重成为保证测量有效性的重要内容。

通常，学者多采用层次分析法来确定各个指标的权重。但是，层次分析法在分层过程中难以避免的主观性较强问题，以及相对烦琐的一致性检验等过程，使其运用受到一定的限制。

本书采用因子分析法来确定农村低保政策质量评估指标体系的权重。之前的研究已经运用验证性因子分析的方法对农村低保政策质量测量量表的效度和信度进行了检验。所确定的二阶验证性因子分析最终模型表明该量表具有良好的效度和信度，可以用于进一步的研究。而二阶验证性因子分析模型中的各个观察变量的因子负荷量，体现了各观察变量在其对应的内因潜在变量（设计质量、过程质量或结果质量）上的相对重要性。外因潜在变量和内因潜在变量之间的路径系数，即二阶验证性因子分析中内因潜在变量（设计质量、过程质量或结果质量）对外因潜在变量（农村低保政策质量）的因子负荷量，体现了内因潜在变量对外因潜变量的重要性。

因此，对于农村低保政策质量测量指标体系的权重，可以根据上一章中二阶验证性因子分析最终模型中的因子负荷量和路径系数加以计算得出。这种利用因子分析法确定评估指标体系权重的方法，与通常采用的层次分析法相比，具有一定的优势。可以有效避免层次分析法所具有的主观性较强的不足，并使评估指标体系的分层更趋合理。

之前的二阶验证性因子分析最终模型中，标准化后的因子负荷值如表 6 – 19 所示。

表 6 – 19　　　　　　　　　标准化后的路径负荷值

外因潜变量	内因潜变量	标准化因子负荷	观察变量	标准化因子负荷
农村低保政策质量（RMSPQ）	设计质量（DQ）	0.637	SYX2	0.815
			YZX1	0.892
			YZX2	0.760
			YZX3	0.746
			WDX1	0.664

续表

外因潜变量	内因潜变量	标准化因子负荷	观察变量	标准化因子负荷
农村低保政策质量 （RMSPQ）	设计质量 （DQ）	0.637	WDX2	0.555
			WDX3	0.770
			MXX1	0.809
	过程质量 （PQ）	0.444	ZYX1	0.669
			ZYX3	0.741
			ZRX1	0.870
			ZRX2	0.868
			ZRX3	0.819
			ZRX4	0.749
			YXX1	0.766
			YXX2	0.637
			YXX3	0.700
			JSX3	0.762
	结果质量 RQ	0.869	HYX1	0.930
			HYX2	0.632
			HYX3	0.913
			XLX1	0.622
			XLX2	0.527
			XLX3	0.569
			XLX4	0.670
			XLX5	0.694

指标体系权重的计算公式为：

$$W_{ij} = \lambda_{ij} \Big/ \sum_{j}^{n} \lambda_{ij}$$

其中，W_{ij} 为第 i 个因素下第 j 个指标的权重；λ_{ij} 为第 i 个因素下第 j 个指标的标准化因子负荷；$\sum_{j}^{n} \lambda_{ij}$ 为第 i 个因素下所有指标标准化因子负荷的总和。

根据上述公式计算出的农村低保政策质量评价指标体系的相对权重如表 6-20 所示。

表 6-20 农村低保政策质量评价指标及权重

目标	指标类别	权重	一级指标	权重	二级指标评价要素		权重
农村低保政策质量 X	设计质量 X_1	0.327	适应性 X_{11}	0.136	SYX2	X_{111}	1.000
			一致性与协调性 X_{12}	0.399	YZX1	X_{121}	0.372
					YZX2	X_{122}	0.317
					YZX3	X_{123}	0.311
			稳定性 X_{13}	0.331	WDX1	X_{131}	0.334
					WDX2	X_{132}	0.279
					WDX3	X_{133}	0.387
			明晰性 X_{14}	0.135	MXX1	X_{141}	1.000
	过程质量 X_2	0.228	正义性 X_{21}	0.186	ZYX1	X_{211}	0.474
					ZYX3	X_{212}	0.521
			责任性 X_{22}	0.436	ZRX1	X_{221}	0.263
					ZRX2	X_{222}	0.263
					ZRX3	X_{223}	0.248
					ZRX4	X_{224}	0.227
			有形性 X_{23}	0.277	YXX1	X_{231}	0.364
					YXX2	X_{232}	0.303
					YXX3	X_{233}	0.333
			及时性 X_{24}	0.101	JSX3	X_{241}	1.000
	结果质量 X_3	0.446	回应性 X_{31}	0.445	HYX1	X_{311}	0.376
					HYX2	X_{312}	0.255
					HYX3	X_{313}	0.369
			效率性 X_{32}	0.555	XLX1	X_{321}	0.202
					XLX2	X_{322}	0.171
					XLX3	X_{323}	0.185
					XLX4	X_{324}	0.217
					XLX5	X_{325}	0.225

欠发达地区农村低保政策质量评价是一个包含众多因素及其相互联系的复杂问题。由表 6-20 可以看出，政策设计质量、政策过程质量和政策结果质量三个指标类别所占的权重分别为 0.327、0.228 和 0.446。这表明，对于农村低保政策质量而言，政策设计质量、政策过程质量和政策结果质量都占有相当重要的权重。特别是，政策结果质量是评价政策质量的重要方面。

就政策设计质量所包含的一级指标而言，适应性、一致性与协调性、稳定性和明晰性的权重分别为0.136、0.399、0.331和0.135。可见，就政策设计质量而言，一致性与协调性、稳定性占有更大的权重。这对于政策质量管理与提升提供了科学的参考：政策必须符合具体的政策问题所表明的客观情况、未实现的需要和价值，政策方案所设定的各项内容和举措是否符合现实事物的发展规律；在标明的有效期内，政策保持相对的连续性和承续性也至关重要。

就政策过程质量所包含的一级指标而言，正义性、责任性、有形性和及时性的权重分别为0.186、0.436、0.277和0.101。这表明，对于农村低保政策的有效执行而言，责任性指标更为重要。如前所述，责任性表现在政策执行主体兑现政策承诺，准确可靠地履行政策意图。对于农村低保政策而言，其质量管理与提升都必须关注涉及其中的地方政府、基层政府组织的形象，涉及的不同执行组织的权责配置合理程度和相互之间合作与协调的程度至关重要。此外，执行个体的道德素质、对政策的认知认同程度、责任意识和工作标准化、精细化水平等至关重要，在一定程度上决定着政策执行的成败。

就政策结果质量所包含的一级指标而言，回应性和效率性的权重分别为0.445和0.555，都占有非常关键的权重。政策结果质量事关农村低保政策实施之后体现出的政策效果、效益与效率。政策质量的高低最终要由政策实施的结果来评判，因而其对整个政策质量评价起着极其重要的作用。对于农村低保政策而言，其质量管理与提升不仅要求在政策方案完成所需时间和资源等方面具有相对经济性，确保政策能够在有效时间、合理经费和技术保障下得到较好的执行。而且，作为一项具有鲜明伦理关怀的社会保障政策类型，农村低保政策要关注对特定群体需求、价值和机会的满足程度。

6.6　小　　结

本章通过上述量表检验与修正过程，最终得到如表6-21所示的农村低保政策质量最终量表的测量题项和构念维度。

表 6-21   最终量表保留题项与测量构念维度

测量构念维度	保留题项
政策设计质量（DQ）	SYX2 当前的政策内容与措施符合低保保障对象的实际需要
	YZX1 该政策与易地扶贫搬迁等相关政策不相冲突
	YZX2 县乡政府制定的实施细则（办法）与该政策不相矛盾
	YZX3 民政、财政等相关部门制定的配套政策之间不存在冲突
	WDX1 保障对象申请、保障标准等方面的规定得到了较好延续
	WDX2 政策在有效期内很少出现频繁调整或废弃的情况
	WDX3 不符合实际需要的政策内容能够得到及时的优化
	MXX1 保障标准确定、申请、资金发放管理等方面的规定很明确
政策过程质量（PQ）	ZYX1 政策监督与问责公开透明
	ZYX3 保障对象的认定是平等、公开、透明的
	ZRX1 工作人员责任意识强，能很好地执行政策规定
	ZRX2 工作人员能够根据具体情况合理调整工作方式方法
	ZRX3 民政、财政、扶贫等部门合作与协调情况好
	ZRX4 工作人员非常关注和帮助特殊保障对象困难（如帮助不识字的申请对象填写申请表格等）
	YXX1 政策实施所需要的人员配备齐全
	YXX2 政策实施所需要的办公场所和设施齐全
	YXX3 政策实施有必需的经费保障
	JSX3 工作人员能够及时为不同保障对象提供需要的相应服务
政策结果质量（RQ）	HYX1 政策实施结果与社会价值和民众预期相符
	HYX2 政策实施很好地维护了社会公平与和谐
	HYX3 政策实施基本没有引发社会矛盾
	XLX1 保障资金能够满足低保保障对象的基本生活需要
	XLX2 覆盖面基本达到应保尽保
	XLX3 低保家庭的生活质量都得到了明显提升
	XLX4 低保保障资金的支出不被浪费
	XLX5 低保保障资金得到了公正公平的分配

该量表共包含 26 个题项，具体如下。

政策设计质量，包含 8 个题项，侧重于对农村低保政策制定过程的考察，强调政府部门在制定农村低保政策过程中，可以通过明晰的政策内容界定、协调和一致的政策安排，以及保持政策的相对稳定来保证政策设计质量的提升。政策过程质量，包含 10 个题项，侧重对政策执行过程的考察，强调政府在农村低保政策服务过程中的质量。政策结果质量，包含 8 个题项，强调政策实施之后的效率和回应性。

　　由修正后的二阶验证性因子分析最终模型可知，测量误差之间并非独立无关，而是存在部分相关。这在一定程度上可能是由于被试者本身对调研问题的实际认知造成的。验证结果证明，该量表具有良好的信度和效度，可以用以进一步的实证分析，并作为我国农村低保政策质量测量的一种有效工具加以应用。

第7章 欠发达地区农村低保政策质量测量

科学界定农村低保政策质量的内涵,建立合理的农村低保政策质量测量指标体系,客观地测量农村低保政策,特别是欠发达地区该项政策的质量,提出改进和提升该项政策质量的具体策略,是一个重要的理论研究命题,也是推进农村低保政策改革的一项重要任务。本章以甘肃农村低保政策为例,基于之前开发的农村低保政策质量测量量表,运用多级模糊综合评价法,开展农村低保政策质量的实证测量,检验农村低保政策质量测量体系的适用性和可操作性。

甘肃省是一个多民族聚居省份,农村人口占有较大比重,农村贫困人口占农村人口比例在全国也是很高的省份之一。甘肃农村低保政策自 2006 年实施以来,发挥了保障困难群众基本生活的应有作用,减贫效果显著。此外,在一定程度上也起到维护社会稳定、促进社会和谐和经济发展的基础性作用。与此同时,政策质量偏低等问题也明显存在。以甘肃农村低保政策为样本,其研究结论也具有一定的代表性和解释性。

7.1 研究区域概况

7.1.1 研究区域经济社会发展概况

甘肃省地处中国西北部,是一个经济社会发展相对落后的多民族聚居省份,农村人口和少数民族人口一直占有较大比重,农村贫困人口占农村人口的比例在全国也是很高的省份之一。2016 年底,甘肃常住人口达到 2609.95 万人,其中,乡村人口 1443.56 万人,乡村人口比重为 55.31%。2016 年,甘肃农村居民家庭人均可支配收入为7456.9元。甘肃现辖兰州、天水、定西等12个地级市；临夏、合作2个少数民族自治州，各市（州）经济社会发展和农村居民收入也不平衡。2016年，嘉峪关市、酒泉市的农村居民人均可支配收入分别为16462.3元和14596.0元，而临夏州、陇南市的农村居民人均可支配收入分别仅为5680.4元和5858.6元，由于自然、地理和历史等方面的原因，长期以来甘肃省主要的经济指标和城乡居民收入在全国排名靠后，甘肃省86个县（市、区）中有2/3分属国家扶贫开发的六盘山片区、秦巴山片区和藏区三大片区。此外，还有11个县属于国家级贫困县。

甘肃的扶贫和农村社会救助工作自改革开放以来得到有计划、有组织和大规模的推进。总体上可以划分为三个阶段：（1）20世纪80年代初，落实国家对"三西"地区（甘肃的定西、河西，宁夏的西海固）的扶贫开发计划，甘肃省将会宁、通渭、民勤和古浪等39个县列入"三西"建设范围，开始大规模扶贫开发。（2）20世纪90年代中期，甘肃省根据《国家八七扶贫攻坚计划》制定并实施《全省四七扶贫攻坚计划》，结合自然条件劣势，以发展旱作农业和建设雨水集流为重点推进农村扶贫攻坚。（3）21世纪初，探索推进整村扶贫计划，于2000年确立99个贫困村在全省推广整村推进模式。在大规模农村扶贫开发和农村社会救助得以阶段性、有计划实施并取得积极的政策效果的同时，一些明显的问题依然存在。一方面，生活常年困难的农村居民的生存问题尤为凸显，"仍有部分贫困人口尚未解决温饱问题，需要政府给予必要的救助，以保障其基本生活，并帮助其中有劳动能力的人积极劳动脱贫致富"[①]；另一方面，就农村贫困问题的性质来看，渐趋由普遍性贫困向最低收入群体的边缘化贫困转变。也就是说，传统的区域性开发式扶贫的效果在日益减弱，迫切需要一种更为精准的扶贫和社会救助政策。

7.1.2　甘肃农村低保政策发展阶段变迁

2006年11月，甘肃省政府出台了《甘肃省农村居民最低生活保障制度试行办法》，建立对年人均收入低于当地最低生活保障标准的农村居民按照保障标准进行差额补助的新型社会救助政策。该项政策目标是从2006年起，

[①]　国务院关于在全国建立农村最低生活保障制度的通知［N］．人民日报，2007 - 08 - 14 (001)．

用 2~3 年的时间在全省建立农村低保制度。本章以保障方式和资金筹集模式为主要依据将该项政策实施 10 年以来的发展划分为三个阶段。

第一阶段：试点探索与起步阶段（2006~2008 年）。

2006 年 9 月，甘肃省政府决定在之前已经实施的农村特困户定期定量救助和农村低保政策试点的基础上，从当年 10 月 1 日起在全省范围内建立农村低保制度。该项政策被作为当年为民兴办的五件实事之一及时向社会做了公布，并对具体工作进行了部署。这一阶段，保障对象范围是国家统计局和扶贫办公布的甘肃省特困人口。政策实施中除了明确要求对计划生育独生子女和二女结扎户要求在一般保障的基础上适当提高补助标准外，并未对所有低保补助对象依照家庭收入等进行分类。低保保障资金筹集方面，除中央和省级补助资金外，要求地方适当负担一部分资金，但也没有做出具体明确的规定。从保障人数来看，2006 年有 78.2 万人，2007 年和 2008 年的保障人数分别达到 146.76 万人和 161.64 万人。从低保补助水平来看，2006~2008 年分别为 120 元/（人·年）、216 元/（人·年）和 540 元/（人·年）。总体上看，虽然保障标准比较低，但在甘肃省财力薄弱的情况下，为切实保障农村特困群众的基本生活起到了很好的作用。

第二阶段：市（州）自行分类施保阶段（2009~2011 年）。

2009 年以来，省级政府积极开展社会救助政策创新，完善了社会救助规章制度，出台了《关于进一步完善城乡社会救助体系的意见》。与前一阶段相比，这一阶段政策设计上最大的变化是开始由各市（州）自行实行分类施保。之所以做出这样的调整，主要是考虑到低保保障对象不同家庭之间的收入呈现出较大的差距，这种情况在经济发展水平不同的市（州）尤为明显。因此，省级政府要求各地自行实行分类施保，但由于没有统一规定，各地分类类别不统一，最高的有五个类别，最低的有三个类别，各类别标准也参差不齐。补助资金除中央和省上补助以外，规定市县财政每人每月按不低于 5 元的标准安排。为了照顾受 5·12 地震影响较大的陇南、天水等灾区和甘南等少数民族地区，免除陇南、定西、甘南、临夏等"两州两市"的配套资金，全部由省级负担。这一阶段，保障人数的规模在 2009~2010 年增速很快，平均增幅达 41.5%，覆盖面从 9.06% 扩大到 17.91%，比同时期全国平均水平 6% 高出 12 个百分点。保障人数分别达到 256.7 万人、317.2 万人和 326.5 万人。2011 年以后，保障人数的规模保持相对稳定，基本在 328 万人左右。从低保补助水平来看，2009~2011 年分别为 600 元/（人·年）、780

元/（人·年）和 864 元/（人·年）。

第三阶段：全省统一分类施保阶段（2012~2016 年）。

为了解决保障对象分类不科学、不同补助类别之间补助水平设置不合理的现象，甘肃省级政府开始实行新的农村低保管理办法。其核心是根据家庭有无基本收入来源和劳动力等情况，将农村低保对象分为四类。① 在低保保障人数的管理方面，省级政府控制各地低保人数，统一制定全省四类分类施保类别和补助标准，资金管理实行清算制，省上按各地实际保障人数对各级财政补助资金进行清算，下达中央和省上补助资金。此外，政策设计体现出对一类、二类低保对象进行重点补助的理念，2015 年甘肃农村低保人数为336.92 万人，投入保障资金 55.03 亿元。其中，一类、二类低保对象的保障标准分别为 3300 元/年和 2828 元/年。三类、四类保障对象的保障标准分别为 1008 元/年和 696 元/年。这一阶段的政策实施体现出两个明显的特征：一是低保人数在各市（州）间的分布差异较大，以 2014 年为例，从市（州）一级分析，覆盖面最高的为 29.29%，最低的为 4.86%；二是一类、二类低保保障对象范围相对稳定，2014 年仅比 2013 年增加 3000 人，一类、二类人数占比为 41.75%，但资金占总支出的比重有重大变化，2013 年为 56.97%，2015 年则高达 70.58%。

7.1.3　甘肃农村低保政策实施现状

甘肃农村低保政策采用属地管理与各级政府负责制，就职能范围来看，省级政府行使战略性管理与宏观指导职责；县级以上政府民政部门主管本行政区域内农村低保工作；乡（镇）政府、街道办事处负责农村居民低保的申请受理、入户调查、评议公示等工作（见图 7-1）。保障标准采取省级指导、市（州）县具体核定的方式确定，并根据当地经济社会发展及生活必需品价格变化适时进行调整。省政府根据全省经济社会发展情况，制定指导性的农

---

① 一类保障对象是"因主要劳动力亡故或者重度残疾，基本没有收入来源的家庭；因家庭成员常年患重特大疾病，经济负担沉重的家庭；因意外事故或者家庭变故，造成生活水平接近农村"五保户"的单亲特困家庭"。二类保障对象是"因家庭成员病残等原因造成劳动力缺乏、不能外出务工的家庭；因病、因学等原因造成支出负担沉重，影响基本生活的家庭；生活明显困难的独生子女户、二女户和单亲家庭"。三类、四类保障对象是"因其他原因造成收入较低，在当地属于明显困难的家庭"。

村居民最低生活保障标准。市（州）、县（市、区）政府根据维持当地农村居民基本生活所必需的衣、食、住、行、用等费用，参照省上指导标准确定本行政区域内农村居民最低活保障标准，并报上一级政府备案后公布执行。从申请程序来看，以家庭为单位申请，各乡（镇）政府、街道办事处受理农村低保补助申请，负责组织调查、访问，并征求村（居）民委员会意见，在村（居）民委员会协助下进行低保补助对象的初步核查和民主评议，产生拟保障对象名单并在全村范围内张榜公示。其后，乡（镇）政府、街道办事处组织召开审核小组会议，确定拟保对象、类别，并在所在行政村张榜公示。县级政府对各乡（镇）政府、街道办事处报送的农村居民低保工作相关材料进行复核抽查，做出审批决定，并在乡镇（街道）和行政村进行张榜公示。公示期满无异议或异议不成立的，县级政府正式确定为保障对象，颁发《农村居民最低生活保障证》，发放保障金。

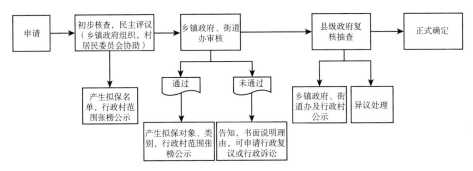

图 7 - 1　甘肃农村低保申请审批程序

与各省份横向比较，甘肃农村低保人口基数大，覆盖面高。以 2014 年数据为例，甘肃农村低保人口仅次于云南、四川、贵州、河南。当年全国农村低保平均覆盖面为 8.4%，甘肃达到 21.3%。纵向比较，2006 ~ 2007 年甘肃省农村低保人口数量处于合理稳定阶段；2008 ~ 2010 年增长迅猛，平均增幅达 41.5%，覆盖面从 9.06% 扩大到 17.91%，比同期全国平均水平高出近 12 个百分点；2010 年以后，保障人数基本保持在 325 万人左右，覆盖面稳定在 21% 左右。比较分析各市（州）情况，低保人数和农民年人均纯收入的分布很不均衡。同样以 2014 年数据为例，覆盖面最高的市（州）达到 29.29%，最低的仅为 4.86%；农民人均纯收入最高的达到 13809 元，最低的仅为 4024 元，相差高达 9785 元。从分类施保的具体情况来看，一类、二类人员保障范围相对固定，但补助水平增长较大，补助资金占总支出的比重从 2013 年的 56.97% 提高至 2015 年的 70.58% 。三类、四类的补助水平则维持不变，体现出对一类、二类低保户进行重点补助的制度设计理念。

7.2　测量指标体系的构建

农村低保政策质量测量是一个包含众多因素及其相互联系的复杂问题。20 世纪 70 年代由学者萨迪（T. L. Saaty）首次提出的层次分析法适用于多准则、多目标的复杂问题决策分析，已成为系统分析的有力工具。进行结构分析并建立递阶层次结构分析模型，是层次分析法面对的首要问题。这也是运用层次分析法和模糊综合评价的有关方法开展农村低保政策质量测量的第一步和最为关键的一步。本章借鉴层次分析的有关方法，结合本书第三、第四章的研究结论，构建了农村低保政策质量测量的递阶层次结构模型，如图 7 - 2 示。农村低保政策质量测量量表可以表示为由目标层、策略层和指标层构成的层次结构模型。

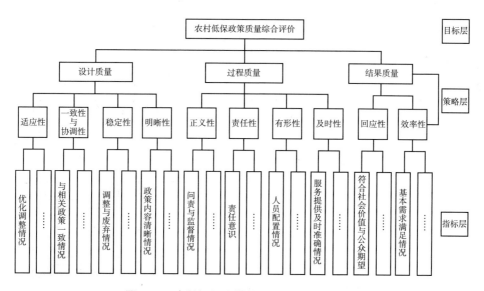

图 7 - 2　农村低保政策质量测量层次结构模型

根据图 7 - 2 的层次结构模型，将模型中的指标层加以进一步分解，可以得到农村低保政策质量测量的具体指标，如图 7 - 3 所示。

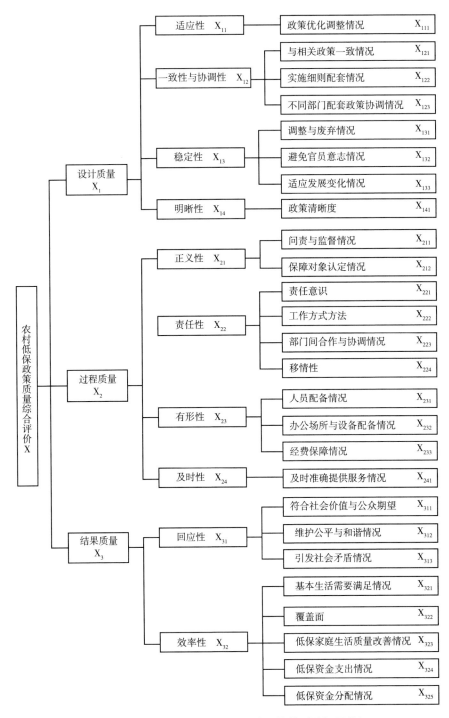

图7-3 农村低保政策质量测量层次结构模型分解及其标示

在建立农村低保政策质量测量层次结构模型和具体指标体系的基础上，本书运用多级模糊综合评价方法，对甘肃农村低保政策质量进行综合评价。"模糊综合评价方法是以模糊数学为基础，应用模糊关系合成的原理，将一些边界模糊、不易量化的因素定量化，从多个因素对评价事物隶属等级状况进行综合评价的一种方法"（张铁男和李晶蕾，2002）。模糊综合评价的基本原理和程序是：首先，确定被评估对象的因素（指标）集和评价（等级）集；其次，确定各个因素的权重和隶属度向量，获得模糊评判矩阵；最后，通过对模糊判断矩阵和因素的权向量的模糊运算及归一化处理，得到模糊评价综合结果。

7.3　模糊集的建立

7.3.1　一级因素指标集

将影响农村低保政策质量的指标集合称为因素集。根据层次结构模型，设立一级因素指标集 $X = (X_1, X_2, X_3)$。其中，X_1 为政策设计质量；X_2 为政策过程质量；X_3 为政策结果质量。相应的权重集为 $A = (a_1, a_2, a_3)$。其中，a_k（$k = 1, 2, 3$）表示指标 X_k 在 X 中的重要程度，并且 $a_1 + a_2 + a_3 = 1$。

运用层次分析法确定模型中各层次的权重是学者较多使用的方法。这种方法通过对同一层次的每两个同类指标之间的重要性进行比较，建立判断矩阵，解出矩阵特征值而得到权重。本章对于模型中各层次的权重的确定，是依据上一章中对农村低保政策质量量表进行验证性因子分析时，二阶验证性因子分析最终模型所得的路径负荷值加以计算得出的。随后加以具体说明。

7.3.2　二级因素指标集

根据层次结构模型，设立二级因素指标集，具体为：
$$X_1 = (X_{11}, X_{12}, X_{13}, X_{14})$$
其中，X_{11} 为政策适应性；X_{12} 为政策一致性与协调性；X_{13} 为政策稳定性；X_{14} 为政策明晰性。相应的权重集为 $A_1 = (a_{11}, a_{12}, a_{13}, a_{14})$。并且：

$$\sum_{i=1}^{i=4} a_{1j} = 1$$

$$X_2 = (X_{21},\ X_{22},\ X_{23},\ X_{24})$$

其中，X_{21}为政策正义性；X_{22}为政策责任性；X_{23}为政策有形性；X_{24}为政策及时性。相应的权重集为 $A_2 = (a_{21},\ a_{22},\ a_{23},\ a_{24})$。并且：

$$\sum_{i=1}^{i=4} a_{2j} = 1$$

$$X_3 = (X_{31},\ X_{32})$$

其中，X_{31}为政策回应性；X_{32}为政策效率性。相应的权重集为 $A_3 = (a_{31}, a_{32})$。并且：

$$a_{31} + a_{32} = 1$$

7.3.3 三级因素指标集

根据层次结构模型，设立三级因素指标集，具体为：

$$X_{1j} = (X_{1j1}, \cdots, X_{1jk}),\ \begin{bmatrix} j=1\ \text{时},k=1;j=2\ \text{时},k=3; \\ j=3\ \text{时},k=3;j=4\ \text{时},k=1 \end{bmatrix}$$

各指标具体含义如图6-3所示。相应的权重集为：

$$A_{1j} = (a_{1j1}, \cdots, a_{1jk}),\ \begin{bmatrix} j=1\ \text{时},k=1;j=2\ \text{时},k=3; \\ j=3\ \text{时},k=3;j=4\ \text{时},k=1 \end{bmatrix},\ \sum_{s=1}^{s=k} a_{1js} = 1。$$

$$X_{2j} = (X_{2j1}, \cdots, X_{2jk}),\ \begin{bmatrix} j=1\ \text{时},k=2;j=2\ \text{时},k=4; \\ j=3\ \text{时},k=2;j=4\ \text{时},k=1 \end{bmatrix}$$

相应的权重集为：

$$A_{2j} = (a_{2j1}, \cdots, a_{2jk}),\ \begin{bmatrix} j=1\ \text{时},k=2;j=2\ \text{时},k=4; \\ j=3\ \text{时},k=2;j=4\ \text{时},k=1 \end{bmatrix},\ \sum_{s=1}^{s=k} a_{2js} = 1。$$

$$X_{3j} = (X_{3j1}, \cdots, X_{3jk}),\ [j=1\ \text{时},k=3;j=2\ \text{时},k=5]$$

相应的权重集为：

$$A_{3j} = (a_{3j1}, \cdots, a_{3jk}),\ [j=1\ \text{时},k=3;j=2\ \text{时},k=5],\ \sum_{s=1}^{s=k} a_{3js} = 1。$$

7.3.4 定义评语集

评语集合是农村低保政策质量领域的专家对评估对象所判定的评价等

级。一般来说，评语集合的具体元素不宜过多，也不宜过少。大量的研究证实，3~5个的具体评语集合元素较为适宜，有较好的区分度。经过综合考量，本书对农村低保政策质量的评语集合采用5个元素来评估，组成评价集V。具体如表7-1所示。

表7-1   农村低保政策质量评语等级与对应分值

等级 V	评语等级	对应分值 W
v_1	优	90
v_2	良好	75
v_3	一般	60
v_4	较差	45
v_5	差	30

7.4　指标权重的确定

农村低保政策质量测量体系的各个具体指标的权重，代表的是其对于农村低保政策质量的重要程度和具体贡献度。通常，学者采用层次分析法来确定各个指标的权重。但是，层次分析法在分层过程中难以避免的主观性较强问题，以及相对烦琐的一致性检验等过程，使其运用受到一定的限制。本书采用因子分析法来确定评估指标体系的权重。之前的研究已经运用验证性因子分析的方法对农村低保政策质量测量量表的效度和信度进行了检验。所确定的二阶验证性因子分析最终模型表明该量表具有良好的效度和信度，可以用于进一步的研究。而二阶验证性因子分析模型中的各个观察变量的因子负荷量，体现了各观察变量在其对应的内因潜在变量(设计质量、过程质量或结果质量)上的相对重要性。外因潜在变量和内因潜在变量之间的路径系数，即二阶验证性因子分析中内因潜在变量(设计质量、过程质量或结果质量)对外因潜在变量(农村低保政策质量)的因子负荷量，体现了内因潜在变量对外因潜变量的重要性。因此，对于农村低保政策质量测量指标体系的权重，可以根据上一章中二阶验证性因子分析最终模型中的因子负荷量和路径系数加以计算得出。这种利用因子分析法确定评估指标体系权重的方法，与通常采用的层次分析法相比，具有一定的优势。可以有效避免层次分析法所具有的主观性较强的不足，并使评估指标体系的分层更趋合理。二阶验证性因子分析最终模型中，标准化后的因子负荷值如表7 - 2所示。

表7 - 2   标准化后的路径负荷值

外因潜变量	内因潜变量	标准化因子负荷	观察变量	标准化因子负荷
农村低保政策质量（RMSPQ）	设计质量（DQ）	0.637	SYX2	0.815
			YZX1	0.892
			YZX2	0.760
			YZX3	0.746
			WDX1	0.664
			WDX2	0.555
			WDX3	0.770
			MXX1	0.809
	过程质量（PQ）	0.444	ZYX1	0.669
			ZYX3	0.741
			ZRX1	0.870
			ZRX2	0.868
			ZRX3	0.819
			ZRX4	0.749
			YXX1	0.766
			YXX2	0.637
			YXX3	0.700
			JSX3	0.762
	结果质量（RQ）	0.869	HYX1	0.930
			HYX2	0.632
			HYX3	0.913
			XLX1	0.622
			XLX2	0.527
			XLX3	0.569
			XLX4	0.670
			XLX5	0.694

指标体系权重的计算公式为：

$$W_{ij} = \lambda_{ij} \Big/ \sum_{j}^{n} \lambda_{ij}$$

其中，W_{ij}为第i个因素下第j个指标的权重；λ_{ij}为第i个因素下第j个指标的标准化因子负荷；$\sum_{j}^{n} \lambda_{ij}$为第i个因素下所有指标标准化因子负荷的总和。根据公式计算的农村低保政策质量测量指标体系相对权重如表7–3所示。

表7–3 农村低保政策质量评价因素集合

目标	一级指标	权重	二级指标	权重	三级指标		权重
农村低保政策质量 X	设计质量 X_1	0.327	适应性 X_{11}	0.136	SYX2	X_{111}	1.000
			一致性与协调性 X_{12}	0.399	YZX1	X_{121}	0.372
					YZX2	X_{122}	0.317
					YZX3	X_{123}	0.311
			稳定性 X_{13}	0.331	WDX1	X_{131}	0.334
					WDX2	X_{132}	0.279
					WDX3	X_{133}	0.387
			明晰性 X_{14}	0.135	MXX1	X_{141}	1.000
	过程质量 X_2	0.228	正义性 X_{21}	0.186	ZYX1	X_{211}	0.474
					ZYX3	X_{212}	0.521
			责任性 X_{22}	0.436	ZRX1	X_{221}	0.263
					ZRX2	X_{222}	0.263
					ZRX3	X_{223}	0.248
					ZRX4	X_{224}	0.227
			有形性 X_{23}	0.277	YXX1	X_{231}	0.364
					YXX2	X_{232}	0.303
					YXX3	X_{233}	0.333
			及时性 X_{24}	0.101	JSX3	X_{241}	1.000
	结果质量 X_3	0.446	回应性 X_{31}	0.445	HYX1	X_{311}	0.376
					HYX2	X_{312}	0.255
					HYX3	X_{313}	0.369
			效率性 X_{32}	0.555	XLX1	X_{321}	0.202
					XLX2	X_{322}	0.171
					XLX3	X_{323}	0.185
					XLX4	X_{324}	0.217
					XLX5	X_{325}	0.225

7.5 因素评价：甘肃农村低保政策质量

以表7-4中的描述统计和表7-2中的因子分析数据为例，采用加权平均多级评判模型进行模糊综合评价。

表7-4　　　甘肃农村低保政策质量问卷数据的描述性统计分析

测量题项	V1（％）	V2（％）	V3（％）	V4（％）	V5（％）	均值	标准差
SYX2	0.7	33.0	48.8	17.5	0	3.17	0.710
YZX1	30.0	49.0	17.2	3.8	0	4.05	0.789
YZX2	24.6	49.2	20.1	5.9	0.2	3.92	0.833
YZX3	26.1	48.3	20.8	4.8	0	3.96	0.812
WDX1	46.4	41.3	11.6	0.8	0	4.33	0.709
WDX2	57.8	35.5	6.8	0	0	4.51	0.621
WDX3	2.6	32.8	47.0	16.8	0.7	3.20	0.768
MXX1	23.3	49.5	19.3	7.4	0.5	3.88	0.868
ZYX1	15.8	50.0	23.3	10.9	0	3.71	0.862
ZYX3	22.1	45.0	26.2	6.6	0	3.83	0.848
ZRX1	24.8	42.6	25.2	7.4	0	3.85	0.880
ZRX2	27.7	40.6	23.8	6.9	1.0	3.87	0.931
ZRX3	25.2	41.1	25.7	7.9	0	3.84	0.895
ZRX4	35.6	36.6	19.8	7.4	0.5	4.00	0.947
YXX1	21.1	47.0	24.4	7.1	0.3	3.82	0.858
YXX2	24.8	44.1	25.2	5.9	0	3.88	0.851
YXX3	17.0	44.6	25.1	12.7	0.7	3.65	0.930
JSX3	6.8	36.0	41.9	14.4	1.0	3.33	0.839
HYX1	35.1	38.6	17.3	7.4	1.5	3.99	0.978
HYX2	31.7	40.1	17.3	10.4	0.5	3.92	0.973
HYX3	34.7	43.6	14.9	5.9	1.0	4.05	0.906
XLX1	45.4	36.8	15.0	2.8	0	4.25	0.810
XLX2	25.9	52.8	19.1	2.1	0	4.02	0.733
XLX3	21.8	49.0	19.3	9.4	0.5	3.82	0.895
XLX4	35.8	52.6	11.2	0.3	0	4.24	0.653
XLX5	4.5	36.6	49.5	9.4	0	3.36	0.713

7.5.1　甘肃农村低保政策质量一级模糊评价

一级模糊评价。具体步骤如下。

（1）确定单因素评价矩阵。前面已将二级因素集分为 10 个子集，记作 X_{11}、X_{12}、X_{13}、X_{14}、X_{21}、X_{22}、X_{23}、X_{24}、X_{31}、X_{32}。将与 X_{ij} 对应的题目（因素）分别归入子集 X_{ij} 中。根据对农村低保政策质量问卷调查数据的描述性统计分析，得到单因素评估矩阵 $R_{ij} = (r_{ij})$。其中，隶属度 r_{ij} 通过统计问卷得分情况得出，其计算结果如下：

$$R_{12} = \begin{bmatrix} 0.300 & 0.490 & 0.172 & 0.038 & 0 \\ 0.246 & 0.492 & 0.201 & 0.059 & 0.002 \\ 0.261 & 0.483 & 0.208 & 0.048 & 0 \end{bmatrix}$$

$$R_{13} = \begin{bmatrix} 0.464 & 0.413 & 0.116 & 0.008 & 0 \\ 0.578 & 0.355 & 0.068 & 0 & 0 \\ 0.026 & 0.328 & 0.470 & 0.168 & 0.007 \end{bmatrix}$$

$$R_{21} = \begin{bmatrix} 0.158 & 0.500 & 0.233 & 0.109 & 0 \\ 0.221 & 0.450 & 0.262 & 0.066 & 0 \end{bmatrix}$$

$$R_{22} = \begin{bmatrix} 0.248 & 0.426 & 0.252 & 0.074 & 0 \\ 0.277 & 0.406 & 0.238 & 0.069 & 0.01 \\ 0.252 & 0.411 & 0.257 & 0.079 & 0 \\ 0.356 & 0.366 & 0.198 & 0.074 & 0.005 \end{bmatrix}$$

$$R_{23} = \begin{bmatrix} 0.211 & 0.470 & 0.244 & 0.071 & 0.003 \\ 0.248 & 0.441 & 0.252 & 0.059 & 0 \\ 0.170 & 0.446 & 0.251 & 0.127 & 0.007 \end{bmatrix}$$

$$R_{31} = \begin{bmatrix} 0.351 & 0.386 & 0.173 & 0.074 & 0.015 \\ 0.317 & 0.401 & 0.173 & 0.104 & 0.005 \\ 0.347 & 0.436 & 0.149 & 0.059 & 0.01 \end{bmatrix}$$

$$R_{32} = \begin{bmatrix} 0.454 & 0.368 & 0.150 & 0.028 & 0 \\ 0.259 & 0.528 & 0.191 & 0.021 & 0 \\ 0.218 & 0.490 & 0.193 & 0.094 & 0.005 \\ 0.358 & 0.526 & 0.112 & 0.003 & 0 \\ 0.045 & 0.366 & 0.495 & 0.094 & 0 \end{bmatrix}$$

其中，单因素评价矩阵 R_{ij} 中的各行表示各指标的得分情况。例如，R_{12} 中的 r_{11} 代表单因素矩阵中的第一个指标得到"优"的评价概率是 0.3，如表 7-5 所示。此外，R_{11}、R_{14} 和 R_{24} 只对应一个题项，故不给出评估矩阵，但也不影响本书的测量过程。

表 7-5 R_{12} 单因素评价矩阵

X_{12} 因素	优	良	一般	较差	差
X_{121}	0.300	0.490	0.172	0.038	0
X_{122}	0.246	0.492	0.201	0.059	0.002
X_{123}	0.261	0.483	0.208	0.048	0

（2）确定权重。模糊综合评价中，权重的确定十分重要。单因素评价矩阵必需根据其所含指标的权重进行模糊变换，进而得到一级模糊评价结果。根据表 7-3，可以得到 X_{12}、X_{13}、X_{21}、X_{22}、X_{23}、X_{31}、X_{32} 这 7 个单因素中指标的相对权重向量 A_{12}、A_{13}、A_{21}、A_{22}、A_{23}、A_{31}、A_{32}，分别为：

$A_{12} = (0.372, 0.317, 0.311)$

$A_{13} = (0.334, 0.279, 0.387)$

$A_{21} = (0.474, 0.521)$

$A_{22} = (0.263, 0.263, 0.248, 0.227)$

$A_{23} = (0.364, 0.303, 0.333)$

$A_{31} = (0.376, 0.255, 0.369)$

$A_{32} = (0.202, 0.171, 0.185, 0.217, 0.225)$

由于 R_{11}、R_{14} 和 R_{24} 只对应一个题项，故 A_{11}、A_{14}、A_{24} 中的指标的相对权重向量为 1。

（3）进行一级模糊评价。对 X_{12}、X_{13}、X_{21}、X_{22}、X_{23}、X_{31}、X_{32} 进行一级模糊评价，得出 B_{12}、B_{13}、B_{21}、B_{22}、B_{23}、B_{31}、B_{32}，即得出各二级因素的评判结果。具体如下：

$B_{12} = A_{12} \cdot R_{12} = (0.271, 0.488, 0.192, 0.048, 0.001)$

$B_{13} = A_{13} \cdot R_{13} = (0.326, 0.364, 0.240, 0.068, 0.003)$

$B_{21} = A_{21} \cdot R_{21} = (0.190, 0.471, 0.247, 0.086, 0)$

$B_{22} = A_{22} \cdot R_{22} = (0.281, 0.404, 0.238, 0.074, 0.004)$

$B_{23} = A_{23} \cdot R_{23} = (0.209, 0.453, 0.249, 0.086, 0.003)$

$B_{31} = A_{31} \cdot R_{31} = (0.341, 0.408, 0.164, 0.076, 0.011)$

$B_{32} = A_{32} \cdot R_{32} = (0.264，0.452，0.234，0.048，0.001)$

数据归一化处理得：

$B'_{12} = (0.271，0.488，0.192，0.048，0.001)$

$B'_{13} = (0.326，0.364，0.240，0.068，0.003)$

$B'_{21} = (0.191，0.474，0.248，0.087，0)$

$B'_{22} = (0.281，0.403，0.237，0.074，0.004)$

$B'_{23} = (0.209，0.453，0.249，0.086，0.003)$

$B'_{31} = (0.341，0.408，0.164，0.076，0.011)$

$B'_{32} = (0.264，0.452，0.234，0.048，0.001)$

将 B'_{ij} 与模糊评判向量 V 相乘即得出综合评价结果分值。公式为：

$$G_{ij} = B'_{ij} \cdot V^T$$

根据上述公式计算得：

$G_{12} = 75$

$G_{13} = 74$

$G_{21} = 72$

$G_{22} = 73$

$G_{23} = 72$

$G_{31} = 75$

$G_{32} = 74$

其中，$V = [90 \quad 75 \quad 60 \quad 45 \quad 30]$。

表 7 - 6 列出了一级模糊评价的结果。

表7-6			一级模糊评价结果				
因子	优（%）	良（%）	一般（%）	较差（%）	差（%）	分值	结论
X11	0.7	33.0	48.8	17.5	0	63	*
X12	27.1	48.8	19.2	4.8	0.1	75	优
X13	32.6	36.4	24	6.8	0.3	74	良
X14	23.3	49.5	19.3	7.4	0.5	73	*
X21	19.0	47.1	24.7	8.6	0	72	一般
X22	28.1	40.4	23.8	7.4	0.4	73	一般
X23	20.9	45.3	24.9	8.6	0.3	72	一般
X24	36.0	41.9	14.4	1	0.3	74	*

因子	优（%）	良（%）	一般（%）	较差（%）	差（%）	分值	结论
X31	34.1	40.8	16.4	7.6	0.11	75	优
X32	26.4	45.2	23.4	4.8	0.1	74	一般

注：＊表示公因子只对应一个题项。

7.5.2 甘肃农村低保政策质量二级模糊评价

二级模糊评价。具体步骤如下。

（1）确定单因素评价矩阵。前面已将一级因素集分为 3 个子集，记作 X_1、X_2、X_3。将与一级指标 X_i 对应的 X_{11}、X_{12}、X_{13}、X_{14}、X_{21}、X_{22}、X_{23}、X_{24}、X_{31}、X_{32} 这 10 个二级指标分别作为一个单因素的题目（因素）归入相应的 X_i 中。将各二级指标 X_{ij} 的一级模糊评价结果 B_{ij} 分别作为一个单因素评判，用表 7-6 中"优"到"差"各列的数据构建二级模糊评价矩阵 R_1、R_2 和 R_3。计算结果如下：

$$R_1 = \begin{bmatrix} 0.007 & 0.330 & 0.488 & 0.175 & 0 \\ 0.271 & 0.488 & 0.192 & 0.048 & 0.001 \\ 0.326 & 0.364 & 0.240 & 0.068 & 0.003 \\ 0.233 & 0.495 & 0.193 & 0.074 & 0.005 \end{bmatrix}$$

$$R_2 = \begin{bmatrix} 0.190 & 0.471 & 0.247 & 0.086 & 0 \\ 0.281 & 0.404 & 0.238 & 0.074 & 0.004 \\ 0.209 & 0.453 & 0.249 & 0.086 & 0.003 \\ 0.360 & 0.419 & 0.144 & 0.01 & 0.003 \end{bmatrix}$$

$$R_3 = \begin{bmatrix} 0.341 & 0.408 & 0.164 & 0.076 & 0.011 \\ 0.264 & 0.452 & 0.234 & 0.048 & 0.001 \end{bmatrix}$$

其中，单因素评价矩阵 R_i 中的各行表示各指标的得分情况。

（2）确定权重。在二级模糊评价中，各子集的重要性有较大的不同，所以对权重的分配是至关重要的。各因子的权重之前已经计算得出，根据表 7-3，可以得到 X_1、X_2、X_3 这 3 个单因素中指标的相对权重向量 A_1、A_2、A_3，分别为：

$$A_1 = (0.136, 0.399, 0.331, 0.135)$$
$$A_2 = (0.186, 0.436, 0.277, 0.101)$$

$A_3 = (0.445, 0.555)$

（3）进行二级模糊评价。对 X_1、X_2、X_3 进行二级模糊评价，得出 B_1、B_2、B_3，即得出各一级因素的评判结果。具体如下：

$B_1 = A_1 \cdot R_1 = (0.248, 0.427, 0.248, 0.075, 0.002)$

$B_2 = A_2 \cdot R_2 = (0.252, 0.432, 0.233, 0.073, 0.003)$

$B_3 = A_3 \cdot R_3 = (0.295, 0.432, 0.203, 0.061, 0.005)$

数据归一化处理得：

$B_1' = (0.248, 0.427, 0.248, 0.075, 0.002)$

$B_2' = (0.254, 0.435, 0.235, 0.074, 0.003)$

$B_3' = (0.298, 0.432, 0.203, 0.061, 0.005)$

将 B_i' 与模糊评判向量 V 相乘即得出综合评价结果分值。公式为：

$$G = B_i' \cdot V^T$$

根据上述公式计算可得：

$G_1 = 73$

$G_1 = 73$

$G_1 = 74$

其中，$V = \begin{bmatrix} 90 & 75 & 60 & 45 & 30 \end{bmatrix}$。

表 7-7 列出了二级模糊评价的结果。

表 7-7　　　　　　　　　　　　二级模糊评价结果

因子	优（%）	良（%）	一般（%）	较差（%）	差（%）	分值	结论
X1	24.8	42.7	24.8	7.5	0.2	73	一般
X2	25.2	43.2	23.3	7.3	0.3	73	一般
X3	29.8	43.2	20.3	6.1	0.5	74	一般

7.5.3 甘肃农村低保政策质量模糊综合评价

模糊综合评价是在二级模糊评价的基础上，根据各因素的权重计算得出的。

（1）确定评价矩阵。将 X 对应的 X_1、X_2、X_3 这 3 个指标分别作为一个单因素的题目（因素）归入 X 中。将 X₁、X₂、X₃ 的二级模糊评价结果 Bᵢ 分别作为一个单因素评判，用表 7 - 7 中"优"到"差"各列的数据构建模糊评价矩阵 R。计算结果如下：

$$R = \begin{bmatrix} 0.248 & 0.427 & 0.248 & 0.075 & 0.002 \\ 0.252 & 0.432 & 0.233 & 0.073 & 0.003 \\ 0.298 & 0.432 & 0.203 & 0.061 & 0.005 \end{bmatrix}$$

（2）确定权重。在模糊综合评价中，各子集的重要性依然有较大的不同，所以对权重的分配仍然至关重要。各因子的权重之前已经计算得出，根据表 6 - 3，可以得到 X 单因素中指标的相对权重向量 A 为：

A = (0.327，0.228，0.446)

（3）进行模糊综合评价。对 X 进行模糊综合评价，得出 B，即模糊综合评价的结果。具体如下：

B = A · R = (0.272，0.431，0.225，0.068，0.004)

数据归一化处理得：

B′ = (0.272，0.431，0.225，0.068，0.004)

将 B 与模糊评判向量 V 相乘即得出综合评价结果分值。公式为：

$$G = B' \cdot V^T$$

根据上述公式计算得：

G = 73

其中，V = [90　75　60　45　30]。

根据多级模糊综合评价的结果，可以汇总整理出甘肃农村低保政策质量各指标体系的得分和测量结果，如图 7 - 4 所示。可见，甘肃农村低保政策质量的总体得分为 73 分，处于中等水平。政策设计质量、过程质量和结果质量三个维度的模糊评价分值分别为 73 分、73 分和 74 分，也处在中等水平。设计质量所属的适应性、一致性和协调性、稳定性、明晰性各指标的模糊评价分值分别是 63 分、75 分、74 分和 73 分；过程质量所属的正义性、责任性、有形性和及时性等指标的模糊评价分值分别为 72 分、73 分、72 分和 74 分；结果质量所属的回应性和效率性两个指标的得分是 75 分和 74 分。整体而言，适应性、正义性和有形性等指标的分值相对较低，回应性、一致性和协调性方面的模糊评价分值较为理想。这一模糊评价结果也为农村低保政策质量管理与提升提供了有益借鉴。

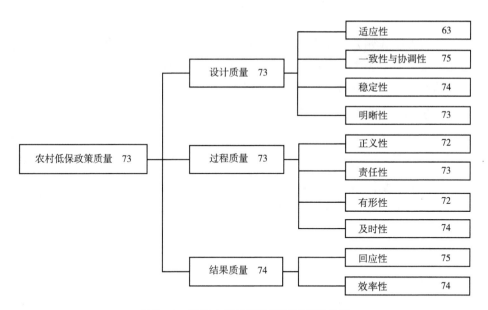

图7-4 甘肃农村低保政策质量测量结果

7.5.4 甘肃各市（州）农村低保政策质量模糊评价

如前所述，甘肃现辖12个地级市、2个自治州，各市（州）经济社会发展也不平衡。考虑具体的省情特征，本书采用目的性抽样的具体策略，抽选张掖、兰州、天水、甘南、临夏、白银、定西和陇南8个市（州）作为调研对象，以便选择的样本能够更全面地反映甘肃省农村低保政策设计与运行的特性和功能。

根据各市（州）的有效问卷数据，依照上一节对甘肃农村低保政策质量的模糊评价，可以进一步就各市（州）农村低保政策质量的实际情况进行测量。

首先，对各市（州）农村低保政策质量进行一级模糊评价。

对各市（州）农村低保政策质量的一级模糊评价，其二级因素集仍为之前提及的10个子集，记作 X_{11}、X_{12}、X_{13}、X_{14}、X_{21}、X_{22}、X_{23}、X_{24}、X_{31}、X_{32}。单因素评价矩阵的确定则需要通过对面向各市（州）的有效问卷数据加以统计分析得出。

权重的确定和前面针对甘肃农村低保政策质量进行整体测量时的一致，

即可以根据表7-3得出。

　　针对各市（州）农村低保政策质量的具体的一级模糊综合评价过程此处不再详细说明。表7-8列出了兰州、天水、白银、定西、甘南、临夏、张掖和陇南8个市（州）农村低保政策质量的一级模糊评价结果。从对各市（州）的农村低保政策10个次维度，即X_{11}（适应性）、X_{12}（一致性与协调性）、X_{13}（稳定性）、X_{14}（明晰性）、X_{21}（正义性）、X_{22}（责任性）、X_{23}（有形性）、X_{24}（及时性）、X_{31}（回应性）和X_{32}（效率性）的模糊评价结果的分析可见，整体而言，各个次维度的得分基本上处在中等水平。但是，进一步分析可见，张掖、白银、定西三市的农村低保政策在各个次维度的测评结果较好。特别是张掖市的农村低保政策，在X_{12}（一致性与协调性），X_{13}（稳定性）、X_{22}（责任性）和X_{24}（及时性）等维度的得分显著高于其他市（州），分别达到79分、79分、81分和80分，说明该项政策在张掖市的实施质量较好。另外，甘南、临夏两个少数民族自治州的测评分值较低，绝大部分次维度的得分处于一般水平。特别是，临夏州在X_{21}（正义性）和X_{31}（回应性）次维度的得分仅为64分和63分，这也表明该项政策的保障对象和利益相关主体对该市（州）农村低保政策在执行过程和政策价值方面的评价较低。兰州、陇南和天水等市（州）的测评结果较为接近。就对各个次维度的整体分析可见，各市（州）在X_{11}（适应性）次维度的测评分值相对较高，说明该项政策较为符合农村地区最低收入群体生活基本情况和相关的政策问题所表明的情况。但在X_{14}（明晰性）、X_{21}（正义性）、X_{23}（有形性）和X_{24}（及时性）等次维度的测评分值相对较低，表明该项政策在政策目标设定、执行过程科学性和有效性等方面还需要通过大力的优化来提升政策的质量。

表7-8　　　　　　各市（州）农村低保政策质量一级模糊评价结果　　　　单位：分

因子	白银	定西	兰州	临夏	甘南	陇南	天水	张掖
X_{11}	78	77	77	74	73	78	74	70
X_{12}	75	74	74	65	66	72	70	79
X_{13}	75	74	69	66	70	74	69	79
X_{14}	75	77	70	66	67	69	71	75
X_{21}	69	71	71	64	65	67	74	71
X_{22}	77	73	73	74	68	74	73	81

续表

因子	白银	定西	兰州	临夏	甘南	陇南	天水	张掖
X_{23}	76	74	70	66	70	74	70	79
X_{24}	75	74	71	66	78	70	69	80
X_{31}	74	73	72	63	71	73	68	76
X_{32}	75	75	72	66	69	71	69	76

其次，对各市（州）农村低保政策质量的二级模糊评价。

二级模糊评价中，一级因素集仍为之前提及的 3 个子集，记作 X_1、X_2、X_3。将针对各市（州）的二级指标 X_{ij} 的一级模糊评价结果 B_{ij} 分别作为一个单因素评判，可以通过对各市（州）的农村低保政策质量一级模糊评价结果中从"优"到"差"各列的数据构建二级模糊评价矩阵。

根据表 7 - 3，可以得到 X_1、X_2、X_3 这 3 个单因素中指标的相对权重向量。

针对各市（州）农村低保政策质量的具体的二级模糊综合评价过程此处不再详细说明。表 7 - 9 列出了兰州、天水、白银、定西、甘南、临夏、张掖和陇南 8 个市（州）农村低保政策质量的二级模糊评价结果。从对各市（州）的农村低保政策 3 个基本维度，即 X_1（设计质量）、X_2（过程质量）和 X_3（结果质量）的模糊评价结果的分析可见，整体而言，各个基本维度的得分基本上处在中等水平。但是，进一步分析可见，不同市（州）的农村低保政策质量 X_1（设计质量）、X_2（过程质量）和 X_3（结果质量）的测量结果还是存在显著性差异。其中，张掖、定西、白银三市的农村低保政策在各个基本维度的测评结果较好。特别是张掖市的农村低保政策，在 X_1（设计质量）、X_2（过程质量）和 X_3（结果质量）三个基本维度的得分显著高于其他市（州），分别达到 78 分、79 分和 77 分（见图 7 - 5）。另外，甘南、临夏两个少数民族自治州的测评分值较低。特别是临夏州在 X_1（设计质量）、X_2（过程质量）和 X_3（结果质量）三个基本维度的得分仅为 67 分、65 分和 65 分，这也表明该项政策的保障对象和利益相关主体对该市（州）农村低保政策在设计质量、过程质量和结果质量方面的评价较低。此外，兰州、陇南和天水等市（州）的测评结果较为接近。

表7-9	各市（州）农村低保政策质量二级模糊评价结果						单位：分	
因子	白银	定西	兰州	临夏	甘南	陇南	天水	张掖
X_1	73	75	72	67	70	73	70	78
X_2	71	73	72	65	67	72	72	79
X_3	74	75	73	65	71	72	72	77

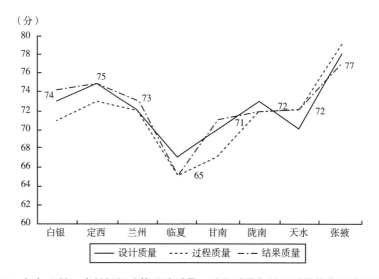

图7-5　各市（州）农村低保政策设计质量、过程质量与结果质量模糊评价结果示意

最后，对各市（州）农村低保政策质量进行模糊综合评价。

将 X_1、X_2、X_3 的二级模糊评价结果 B_i 分别作为一个单因素评判，用针对各市（州）农村低保政策质量的二级模糊综合评价中"优"到"差"各列的数据构建模糊评价矩阵。

根据表7-3，可以得到 X 单因素中指标的相对权重向量。

具体的评价过程不再详细叙述。表7-10和图7-6列出了兰州、天水、白银、定西、甘南、临夏、张掖和陇南8个市（州）农村低保政策质量的整体模糊综合评价结果。可见，各市（州）的农村低保政策质量整体处于中等水平。但是，不同市（州）（主要体现为经济社会发展水平和民族文化等方面的差异）的农村低保政策质量测量结果还是存在显著性差异。其中，甘南、临夏两个少数民族自治州的测评分值较低，分别为70分和66分。张掖的农村低保政策质量测量结果最好，整体质量分值达到78分。兰州、陇南、白银、定西等市（州）的政策质量测量结果较为接近，但整体也仅处于中等偏下的水平。

表 7-10　　　各市（州）农村低保政策质量模糊综合评价结果　　　单位：分

因子	白银	定西	兰州	临夏	甘南	陇南	天水	张掖
X	74	74	72	66	70	72	71	78

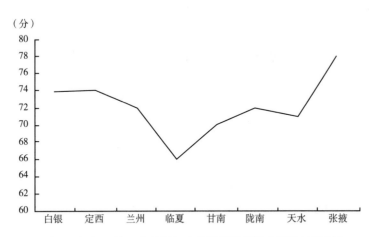

图 7-6　各市（州）农村低保政策质量模糊综合评价结果示意

7.6　测 量 结 果 讨 论

就甘肃农村低保政策质量测量的实际结果来看，该项政策的模糊综合评价结果分值为 73 分，处于中等水平。政策设计质量、过程质量和结果质量的模糊评价结果分值分别为 73 分、73 分和 74 分，也处于中等水平。就具体指标来看，该项政策在一致性和协调性、回应性方面的模糊评价结果分值相对较高，均为 75 分。可见，尽管该项政策的制定涉及省级、县级、乡镇等不同层级政府，更是涉及财政、民政、扶贫、审计等多个政府部门，但是不同的政府部门还是能够很好地协调政策制定过程，相关政策之间的融合一致性较好，能够不相抵触、不相矛盾、不相冲突。同时，该项政策在回应公民需求、实现公民期望、不断维护和促进公共利益方面的作用较好。

此外，就测量结果来看，该项政策在政策适应性、过程正义性和有形性方面的分值较低，分别为 63 分、72 分和 72 分。政策适应性的含义就是某一政策是否符合具体的政策问题所表明的客观情况、未实现的需要和价值，政策方案所设定的各项内容和举措是否符合现实事物的发展规律。可见，在合理建构政策问题、改进政策设计以适应经济和社会环境变化对政策提出的新要求方面，该项政策的表现不够良好。通过实地调研和访谈也发现，该项政策在执行中出现的一些异化现象，在很大程度上与政策目标设置的清晰程度以及政策方案的合理程度密切相关。例如，现行政策方案存在着覆盖面过大的问题，分类施保的政策设计在实际执行过程中也存在明显困难。过程正义性和有形性方面的测量结果分值体现出，在政策执行规范化方面，以及保障政策执行所必需的人财物投入等方面，还需要较大的投入和改善。一方面，低保对象核定不规范，凭直觉判断或随意估算低保家庭收入等情况，以及不符合农村低保补助资格的群体通过与低保资格评定人员的关系运作来获取农村低保补助资格与补助资金的现象，都影响该项政策的总体质量。另一方面，负责该项政策实施的乡镇政府等基层组织的工作人员严重不足，普遍存在的一人兼多岗、一身兼数职的现象也是政策有形性方面得分较低的原因所在。

本书对甘肃农村低保政策质量的多级模糊综合评价结果，不仅直观地体现了该项政策在各个基本维度、次维度的具体测评得分和政策整体质量，而且也针对样本选择的 8 个市（州），呈现了不同市（州）在政策质量不同维度的差异情况。这对于准确理解该项政策质量，以及有针对性地开展政策质量管理与提升都具有十分重要的参考价值。首先，测评结果表明，该项政策的整体质量处于中等水平，还有很大的质量优化与提升的必要性。此外，借鉴测评结果，如何通过正确构建农村低保政策问题、优化政策设计和政策明晰程度，是提升政策设计质量的重中之重。而对于过程质量的优化与提升而言，则需要在执行过程的科学与有效性，以及政策有效执行所必需的人财物等资源的配置等方面花费更多的工夫。而有效提升该项政策的结果质量，则需要合理维护和积极创造政策价值，提升政策的回应性，满足保障对象和核心利益群体对政策的合理期望。此外，不管是政策问题建构，还是政策过程或政策回应性的优化与提升，都离不开政府能力的提升。因此，深入探索如何通过加强基层政府治理能力建设来回应农村低保政策中的具体问题，也是紧迫的研究课题。

第8章　研究结论与展望

本章总结全书的主要研究结论和研究的主要理论贡献，并针对研究局限提出后续研究应进一步深化和拓展的具体方面。

8.1　主要研究结论

农村低保政策在保障农村最低收入群体基本生存与发展权益，以及促进区域社会公平、维护社会稳定等方面都发挥着非常关键的作用。在农村区域性整体贫困问题得到有效改善，但农村最低收入群体个体性贫困问题仍存在的背景下，农村低保政策的实施状况，特别是欠发达地区的农村低保政策质量，成为直接关系我国更为公平有效的统筹城乡发展的现代社会保障体系建设成败的关键方面。识别低保保障对象和多元利益主体对农村低保政策质量要素所持的具体主张，建立科学合理的质量测量指标体系并开展有效的政策质量综合评价，是管理和提升该项政策整体质量的重要基础。可是，农村低保政策质量却是一个尚未得到充分研究的领域。本书运用政策过程和政策评估理论，基于多元利益主体视角，立足欠发达地区，以测量和提升农村低保政策质量为研究主旨，以探寻农村低保政策质量的构成要素、评价框架和实际测量为基本研究问题，开展了具体的研究，形成了以下主要研究结论。

（1）基于政策过程理论的农村低保政策质量分析框架。学者的已有研究业已证实质量是一个可以适用于公共政策领域的概念。质量一直在公共管理中扮演着重要的作用。质量不仅是私人部门产品和服务的生命线，也是公共政策的生命线。但是，目前关于政策质量的研究文献和成果少之又少，对政策质量的分析缺乏一个清晰的理论视角。由此也导致对政策质量的研究表现出自说自话的特点，研究结论可信度偏低、研究结论矛盾冲突、研究成果严重碎片化。政策过程的视角和思维方式是研究所有政策科学问题的出发点（朱德米，2015）。基于上述研究现状和政策质量本身的复杂性，本书将对农村低保政策质量的研究纳入政策过程的理论视野。政策过程理论视角下的农村低保政策质量，不再被片面化为政策的好坏程度，或者政策的成本收益，抑或政策效率，而是存在于整个政策过程的，体现为政策是如何制定、执行和维护的整体概念。由此，农村低保政策质量不仅包括有效的政策制定，也包括有效的政策维持以及政策的效率和回应性。

（2）基于多元利益主体视角的农村低保政策质量要素及其重要度识别。学者已有研究深刻揭示出，对公共领域质量的统一定义或许并不存在。公共政策质量是一个需要置于具体政策情境加以考量的概念。由此，关照不同的政策类型（领域）成为政策质量研究的必然选择。特别是对于不同的政策类型，利益主体对其评价标准也往往持有不同的观点。因此，对农村低保政策质量属性的识别，不可单纯依赖已有的理论研究或经验定义，而更应在文献借鉴的基础上，从政策多元利益主体视角收集政策质量属性。由此，本书结合已有文献，借鉴和相关基础理论，提出农村低保政策质量初始概念框架。另外，通过两阶段问卷调查，收集到 97 个关于农村低保政策质量的要素指标。在试测的基础上，选取 43 个要素指标进入正式问卷和其后的因子分析中，采用李克特 9 点奇数标度对各个指标要素的重要度进行了分析，发现全部指标要素的重要度均值都在 5.900 以上，表明这些指标要素均是农村低保政策质量属性的关键方面。特别是胜任性、可得性、一致性与协调性、可执行性等指标要素的均值很高（分别为 8.270、8.350、8.090 和 8.000），表明农村低保政策保障对象、核心利益群体认为其对于该项政策质量而言非常重要。进一步，对收集的农村低保政策质量指标要素运用探索性因子分析进行降维，综合为责任性、及时性等 11 个维度属性。该研究结果也识别出一些已有文献没有提及的农村低保政策质量要素。例如责任性、胜任性和有形性等。究其原因，已有文献对政策质量的界定，往往关注政策设计本身，强调政策制定质量。但对政策运行质量以及对保障政策有效运行的有形服务、有形设施、设备、人员和书面材料等缺乏足够的重视。这一研究的显著特点是，农村低保政策的质量属性是从该项政策的保障对象和核心利益群体中收集的，而不是仅仅从理论上或基于政策分析研究人员的已有研究成果来定义的。

（3）基于两阶段分类研究的农村低保政策质量整体概念框架。本书构建了一个农村低保政策质量的多维多层概念框架。具体而言，基于构建的农村低保政策质量初步概念框架，借鉴穆尔和本巴萨特关于信息技术创新测量工具开发的有关方法，通过两阶段分类研究，对问卷调查和探索性因子分析获得的农村低保政策质量的 11 个维度属性进行分类。通过两阶段分类研究，在剔除"可执行性"维度后剩余 10 个维度被分为 3 个类别：第一，政策设计质量，包括稳定性、适应性、明晰性、一致性和协调性等维度。第二，政策过程质量，包括责任性、有形性、及时性、程序正义等具体维度。第三，政策结果质量，包括效率性和回应性两个维度。该结论表明，农村低保政策质量是由设计质量、过程质量和结果质量三个主维度和稳定性等 10 个次维度共同组成的有机体系。这一概念框架为农村低保政策质量测量、分析和改进提供了基础。基于这一多维多层结构，一方面可以开发具体的测量量表、通过发放调研问卷来测量农村低保政策质量。另一方面，还可以通过对测量结果的分析，有针对性地提出改进和提升农村低保政策质量的具体路径和方法。这一研究发现也与本书对农村低保政策质量内涵属性的理解相一致：农村低保政策质量内涵要素的研究，必须基于政策过程的视角，关注该项政策直接保障对象和核心利益群体对其质量属性的认知；农村低保政策质量不仅体现在政策制定阶段，也体现在政策执行和政策结果等农村低保政策的全过程。

（4）开发了农村低保政策质量评价指标体系。基于农村低保政策质量整体概念框架的主维度和次维度，将该项政策质量评价指标划分为政策设计质量类指标、政策过程质量类指标和政策结果质量类指标，稳定性、一致性与协调性等 10 个次维度构成农村低保政策质量评价的一级指标。结合已有文献和访谈数据分析，确定了量表初始测量题项，设计和遴选了欠发达地区农村低保政策质量评价的 34 个二级指标评价要素，并就各个指标要素的内容进行了分析、解释和说明。最终形成欠发达地区农村低保政策质量评价的指标体系总体框架。在此基础上，编制了欠发达地区农村低保政策质量测度的初始测评量表。

（5）农村低保政策质量指标体系（量表）的信度效度检验。基于农村低保政策质量整体概念框架，以相关文献研究成果为量表测量题项选取的理论支撑，结合访谈数据，开发了农村低保政策质量测量量表并对量表进行了检验修正。初始量表各个维度包含的题项比较多。通过前测和试测，删除了有歧义或者语意含糊的题项，得到问卷调查时所使用的初始量表，其中，政策设计质量包括 12 个题项，政策过程质量包括 13 个题项，政策结果质量包括 9

个题项。为保证量表具有较高的信度和效度，本书运用多种统计分析方法进行分析与检验。首先，采用内部一致性信度对测量量表进行信度检验。结论是，政策设计质量、政策过程质量和政策结果质量各个维度的 Cronbach's α 值分别为 0.914、0.921 和 0.906，量表的总体 Cronbach's α 值 0.930，均高于 0.7，总量表的斯布折半系数等于 0.767，Guttman 折半系数为 0.767，说明量表各个维度的内部一致性都比较好，量表具有足够的信度。其次，使用探索性因子分析方法对经信度分析之后剩余的 33 个题项进行分析，检验维度的合理性。删除在主要因子上均未达到 0.5 及以上的负荷较小的题项、存在交叉负荷的题项以及实际数据与理论预期的因子抽取不一致的题项。净化后，总共保留了 30 个测量题项。其中，政策设计质量和政策过程质量分量表各包含 11 测量题项，政策结果质量分量表包含 8 个测量题项。最后，从内容效度、收敛效度和区别效度等方面进行效度检验和量表修正，进一步删除了 4 个测量题项。通过验证性因子分析来检验量表的建构效度，发现各指标的载荷系数都在 0.5~0.95 的有效范围内，全部的 T 值达到了 2.58 以上的显著性水平。整体拟合指标 RMSEA 为 0.040，卡方值系数为 1.990，小于 2，表明量表具有较为理想的收敛效度。设计质量、过程质量和结果质量三个维度之间具有明显的区别效度。三个潜变量设计质量、过程质量和结果质量的组合信度分别为 0.914、0.931 和 0.886，具有较好的组合信度。在因子负荷值方面，载荷最低值为 0.52，达到了 0.5 的最低要求。通过上述量表检验与修正程序，得到了农村低保政策质量最终量表的测量题项和构念维度。该量表共包含 26 个题项。其中，政策设计质量和政策结果质量各包含 8 个题项，政策过程质量包含 10 个题项。验证结果证明，该量表具有良好的信度和效度，可以用于进一步的实证分析，可以作为我国农村低保政策质量的一种测量工具。

8.2　研究的主要理论贡献

本书研究的主要理论贡献体现以下四个方面。

（1）本书基于政策过程理论，聚焦农村低保政策，将政策质量的研究纳入政策过程和政策类型（领域）的理论视野和研究视角，是以研究视角的创新破解政策质量碎片化研究困境的积极尝试。已有研究对政策质量的关注较少，并缺乏科学的理论支撑和研究视角，由此导致自说自话式的碎片化研究结论，不利于政策质量研究的理论积累与体系建构。因此，迫切需要基于政策过程理论和政策类型（领域）的研究框架的更新，将政策问题建构、政策制定、政策执行等联系起来，基于政策全过程考量政策质量。本书基于政策过程理论和政策类型框架，从多元利益主体视角切入对农村低保政策质量测量的研究，不仅关注作为结果的政策质量，而且关注政策执行和执行等环节的质量。此外，已有研究的不足还体现在对政策类型的考虑不足。由此，基于政策普遍性的研究成果较为丰富，但基于不同政策类型特殊性的研究成果鲜见。事实上，不同政策类型的政策过程和质量内涵各有所侧重，因而对于政策质量的研究还必须关照不同的政策类型。

（2）本书综合运用组织与管理研究的有关方法，以及数据统计分析的多元方法，开展农村低保政策质量的研究。多种适合管理学研究范式的研究方法的综合运用，保证了研究过程和研究结论的科学性与有效性，也体现出本书在研究方法上的创新。首先，采用两阶段问卷调查和两阶段分类研究的方法，创新性地从农村低保政策多元利益主体视角收集关于农村低保政策质量的要素指标。采用因子分析方法就各个指标要素的重要度进行了分析，并通过探索性因子分析方法将农村低保政策质量属性经降维归纳为 11 个维度。这些维度又被分为 3 个类别：政策设计质量、政策过程质量和政策结果质量。其次，以相关文献研究成果为量表测量题项选取的理论支撑，结合访谈数据，开发农村低保政策质量评价指标体系和量表，并运用多种统计分析方法进行量表检验和修正。采用内部一致性信度对测量量表分别进行分量表和总量表的信度检验。使用探索性因子分析方法检验维度的合理性。从内容效度、收敛效度等方面对量表的效度进行检验。通过组合信度检验量表的可靠性。验证结果不仅证明该量表具有良好的信度和效度，可以作为中国农村低保政策质量的一种测量工具，也体现了研究方法的严谨性和科学性。最后，在建立农村低保政策质量测量层次结构模型和具体指标体系的基础上，采用多级模糊综合评价方法，结合验证性因子分析的结果，在对政策质量评价各个指标的权重进行确定的基础上，以甘肃农村低保政策为例，对该项政策质量进行了实证测量。所采用的方法和研究的具体路径为确定农村低保政策以及类似政策质量的指标权重、确定各个维度和具体指标相对于总指标的相对权重和重要度提供了一个合理的途径。

（3）本书研究不仅依赖已有研究成果，而是从多元利益主体视角收集农村低保政策的质量要素，从而有效识别了农村低保政策质量的重要方面，创新性地提出了农村低保政策质量的多维多层概念框架，这是政策质量理论研究的有益增量。已有关于政策质量研究的不足不仅体现在忽略了参与政策过程中的多元利益主体以及他们对质量属性的感知，而且也表现为不同学者的研究结论之间的自说自话或相悖。因此，对农村低保政策质量属性的识别，不可依赖已有的理论研究，而更应在文献借鉴的基础上从政策多元利益主体视角收集政策质量属性。就取得的结论而言，创新之处体现在：第一，通过面向农村低保政策保障对象和核心利益相关者收集数据，获取关于政策质量的潜在要素，收集到 97 个农村低保政策质量属性，包括责任性、胜任性、有形性和充足性等已有文献未曾提及的农村低保政策质量要素指标。第二，对获取的政策质量要素进行重要度分析，不仅表明全部指标要素均构成农村低保政策质量属性的关键指标，而且也识别了不同指标对于农村低保政策质量的相对重要性。第三，通过探索性因子分析，上述质量属性被合并成责任性、有效性等 11 个维度属性。通过两阶段分类研究，剔除"可执行性"维度后，剩余 10 个维度被分为设计质量、过程质量和结果质量 3 个类别。这揭示出，农村低保政策质量是由稳定性等 10 个次维度和设计质量等 3 个基本维度构成的多维多层概念框架。

（4）政策质量测量必须基于合理的指标体系。本书研究开发的农村低保政策质量评价指标体系和测评量表具有良好的信度和效度，可以作为农村低保政策质量的一种测量工具，这是对现有政策质量测量研究的重要补充。对农村低保政策质量整体概念框架的研究表明，农村低保政策质量包含设计质量、过程质量和结果质量三个主维度，每个主维度又包含 2~5 个子维度。本书通过将每个子维度操作化为一系列测量指标来构建农村低保政策质量测量量表。为保证量表具有较高的信度和效度，本书运用多种统计分析方法进行检验与修正，得到了农村低保政策质量最终量表的测量题项和构念维度。得出的研究结论具有以下创新：第一，测量题项准确涵盖了农村低保政策质量的内涵与要素，能够有效地测量农村低保政策的实际质量。第二，农村低保政策质量测量量表具有多维、分层结构，从而可以通过对三个主维度的测量来反映该项政策的设计质量、过程质量和结果质量。进一步，通过汇总三个主维度的测量结果来客观、准确地评价农村低保政策总体质量。

8.3 研究局限与后续研究展望

本书研究也存在一些不足，主要有以下四个方面。

（1）研究变量的测量有待完善。对农村低保政策质量内涵要素和测评题项的形成，一方面基于已有文献；另一方面基于问卷调查数据。但由于政策质量内涵、维度与测量的已有研究文献很少，而且不同学者的主张也各有不同，所以在概念的操作化方面存在一定的不足；此外，调查问卷采用了李克特量表，尽管效度和信度检验的结果良好，但由于数据采集难度较大，且被试者的主观认识和评价也会影响变量测量的准确性。

（2）调查样本有待扩大。本书的调查对象主要包括甘肃省8个市（区）的农村低保政策的直接受益者、相关利益群体以及政策制定、决策和管理实施的相关部门工作人员。尽管考虑到不同市（州）的经济文化和社会差异，尽量确保问卷的数据收集质量和有效性，但样本总量还是偏少，也无法很好地关注到不同地区的实际情况。此外，本书的结果是否适用于其他政策情境仍需要进一步探讨。

（3）农村低保政策质量内涵和结构的探索有待改善。本书提出了农村低保政策质量的概念框架，尝试对农村低保政策质量测量进行初步探索。本书提出的农村低保政策质量的设计质量、过程质量和结果质量三个维度，均是政策质量研究中非常宽泛的类别，可就其具体的内涵和结构进行更深入的探索。

（4）开展农村低保政策质量影响因素和机理的研究。农村低保政策质量是一个复杂的现象，由于研究设计的局限性和主要关注点所限，影响农村低保政策质量的因素和机理的研究不够充分，有待更深入更系统地开展。

针对本书研究不足，后续研究可从以下四个方面深化和拓展。

（1）优化研究变量的测量，特别是进一步优化对农村低保政策质量及其维度的测量框架和测量指标。此外，可以采用层次分析法等方法，通过专家赋值等方式确定测量指标的权重向量，与采用因子分析法确定指标权重的研究进行比较，进一步提升研究的有效性。

（2）扩大实证调查范围。不再囿于对欠发达地区农村低保政策质量的测量，以及基于单一省份调研数据的分析和研究。通过分层随机抽取不同地区

（如东部地区、中部地区和西部地区）的部分省份所辖市（州），扩大研究的样本范围，提高研究结论的有效性和适应性，并能够进一步开展针对不同地区和不同省份的比较研究，将农村低保政策的地域正义问题研究纳入视野。

（3）进一步完善概念模型。在更扎实、更深入的理论研究的基础上，通过对农村低保政策质量各个基本维度和次级维度的内涵和结构进行更深入的探索，以及对其影响因素和影响机理等方面进行深入分析，构建更为完善的理论模型，开展更为深入和细致的研究，补充已有研究的不足。

（4）开展实证测量。以甘肃、宁夏等省（区）农村低保政策为例，基于开发的欠发达农村低保政策质量测量量表，运用适宜的评价方法，开展农村低保政策质量的实证测量，检验农村低保政策质量测量工具的适用性和可操作性。进一步，针对评价结果，提出农村低保政策质量管理与提升的科学合理的具体建议。

附　　录

附录一：农村低保政策质量指标要素调查问卷

尊敬的女士/先生：

您好！为深入了解您对农村低保政策质量的看法和观点，我们在此冒昧打扰向您做一些调查，为此会耽误您一点宝贵的时间，我们在此表示感谢！

本次调查为匿名调查，我们郑重承诺本次调查结果仅作为学术研究用途。请根据实际情况或您的真实想法填写。再次感谢您的参与！

下表是收集整理的学者对政策质量评价的部分指标要素，请在浏览之后，列出您认为对农村低保政策质量而言具有重要意义但表格中没有提到的指标。

要素	要素	要素
稳定性	有效性	可理解性
适应性	正确性	连续性
协调性	完备性	精确性
效率	清晰性	透明度
可执行性	时效性	回应性

请尽可能多地列出您认为对农村低保政策质量而言具有重要意义但在表格中没有提到的指标。

要素	要素	要素

附录二： 农村低保政策质量指标要素重要度调查问卷

尊敬的女士/先生：

您好！为深入了解您对农村低保政策质量指标要素重要程度的看法和观点，我们在此冒昧打扰向您做一些调查，为此会耽误您一点宝贵的时间，我们在此表示感谢！

本次调查为匿名调查，我们郑重承诺本次调查结果仅作为学术研究用途，感谢您的热情参与！答案没有对错之分，请根据实际情况或您的真实想法填写。再次感谢您的参与！

下表是我们收集整理的公众对农村低保政策质量评价的指标要素，请在浏览之后，根据您的理解就每个指标的重要性做出评价。数值越小，表示重要性越低，数值越大，表示重要性越大。如"1"表示"极不重要"，"5"表示"重要"，"9"表示"极为重要"。

	极不重要◄————————————重要————————————►极为重要								
指标要素	1	2	3	4	5	6	7	8	9
责任性									
有形性									
有效性									
一致性和协调性									
效益性									
效率性									
提供及时服务									
相容性									
衔接性									
稳定性									
透明度									
合作性									
回应性									
时效性									
胜任性									
清晰性									
发展性									

续表

指标要素	1	2	3	4	5	6	7	8	9
明晰性									
公正性									
连续性									
可执行性									
执行有效性									
程序正义									
可理解性									
执行符合政策初衷									
可得性									
可操作性									
可表达性									
可靠性									
经济可行性									
简易性									
兼容性									
技术可行性									
及时性									
适应性									
互补性									
合理性									
沟通性									
灵活性									
工作人员专业性									
普遍性									
充足性									
参与性									
责任性									
有形性									
有效性									
一致性和协调性									
效益性									

附录三：两阶段分类研究的指令与内容

第一阶段

指令1：将11个农村低保政策质量维度分成3~5个具体的类别，其中，每个类别中的维度表示高质量的农村低保政策的类似属性。

7.62厘米×12.7厘米卡片示例：

（1）稳定性：

政策在标明的有效期内保持相对连续性和承续性的程度。

其余10个维度的7.62厘米×12.7厘米卡片的内容如下。

（2）适应性：政策符合客观情况、未实现的需要和价值的程度。

（3）明晰性：政策涉及的相关概念、政策主体、政策客体，以及政策目标和政策手段等清晰明确的程度。

（4）一致性和协调性：相关政策得以融合演进并取得共同目标的程度。

（5）责任性：执行主体兑现承诺，准确可靠地履行政策意图的程度。

（6）有形性：为保障政策有效实施而提供必需的有形设施、设备、人员和书面材料的程度。

（7）及时性：政策执行主体愿意帮助农村低保保障对象的程度，以及愿意提供及时服务的程度。

（8）程序正义：政策执行监督的参与度和政策实施的公开性程度。

（9）可执行性：政策能够得到合理执行的程度。

（10）效率性：政策方案完成所需时间和资源等方面具有相对经济性的程度，以及政策使资源得到科学合理的分配和所投入的公共资金支出不被浪费的程度。

（11）回应性：政策结果对于特定群体需求、价值和机会的满足程度。

指令2：请使用一个词语或由两三个词语组成的短语来定义您所创建的各个类别，要求能够最准确恰当地描述和总结每个类别中的农村低保政策质量所属维度的内涵。

第二阶段

指令：将每个农村低保政策质量维度分类至以下三个类别中的其中一个。如果您认为某一维度可被分类到不同的分组，则请选择并分类到您认为可以被最佳拟合的一个类别。所有维度必需分类。

三个类别卡片的内容如下。

类别1：政策本身具有何种程度的合理性和科学性。

类别2：政策执行过程具有何种程度的合法性和有效性。

类别3：政策意图实现的程度和状况究竟如何。

附录四： 欠发达地区农村低保政策质量调查问卷

尊敬的女士/先生：

您好！为深入了解并验证有关欠发达地区农村低保政策质量的情况，我们在此冒昧打扰向您做一些调查，为此会耽误您一点宝贵的时间，我们在此表示感谢！

本次调查为匿名调查，我们郑重承诺本次调查结果仅作为学术研究用途，对您在问卷中所提供的信息会严格保密，感谢您的热情参与！答案没有对错之分，请根据实际情况或您的真实想法填写。完成本问卷大约需要十分钟时间，再次感谢您的参与！

一、请您填写下列基本问题：

1. 您的性别：男□　　女 □

2. 您的年龄_____

3. 您家共有_____人，其中劳动人口 _____人

4. 您的所在地：_____省_____市 _____区（县）

5. 您的民族是：_____

6. 您的月收入是：

（1）500 元以下□；　　（2）500 ~ 1000 元□；　　（3）1000 ~ 1500 元□；

（4）1500 ~ 2000 元□；　　（5）2000 元以上□

7. 您的家庭月收入是：

（1）1000 元以下□；　　（2）1000 ~ 2000 元□；　　（3）2000 ~ 3000 元□；

（4）3000 ~ 5000 元□；　　（5）5000 元以上□

8. 您的身体状况是：

（1）健康□；　　　　（2）部分劳动能力□；　　（3）长期患病□；

（4）患有重病□；　　　　（5）丧失劳动能力□

9. 您的家人是否有长期患病、患有重病或丧失劳动能力的：是□　否 □

10. 近 5 年您或家人是否享受过农村低保补助：是□　否 □

11. 目前您或家人是否享受农村低保补助：是□　否 □

二、请评价您所在地方农村低保政策的质量。其中每道题选项中的数值"5"表示"极为符合"，"4"表示"符合"，"3"表示"不清楚"，"2"表

示"不符合","1"表示"极不符合"。请选择合适的分数，在相应的空格中打"√"。

极为符合◀── ──▶极不符合

序号	度量指标	5	4	3	2	1
WDX1	保障对象申请、保障标准等方面的规定能够较好延续					
WDX2	政策在有效期内很少出现频繁调整或废弃的情况					
WDX3	不符合实际需要的政策内容能够得到及时的优化					
SYX1	当前的低保政策能够适应经济和社会环境的发展变化					
SYX2	当前的政策内容与措施符合低保保障对象的实际需要					
SYX3	之前的政策在调整以后更加符合实际					
MXX1	保障标准确定、申请、认定、资金发放管理等方面的规定很明确					
MXX2	政策清楚地介绍了如何申请低保和领取保障金等情形					
MXX3	身边的低保工作人员"钻政策空子"的情况比较少见					
YZX1	该政策与易地扶贫搬迁等相关政策不相冲突					
YZX2	县乡政府制定的实施细则（办法）与该政策不相矛盾					
YZX3	民政、财政、扶贫等部门制定的与低保相关政策之间不存在冲突					
ZRX1	工作人员责任意识强，能很好地执行政策规定					
ZRX2	工作人员能够根据具体情况合理调整工作方式方法					
ZRX3	民政、财政、扶贫等部门合作与协调情况好					
ZRX4	工作人员非常关注和帮助特殊保障对象困难（如帮助不识字的申请对象填写申请表格等）					
YXX1	政策实施所需要的人员配备齐全					
YXX2	政策实施所需要的办公场所和设施齐全					
YXX3	政策实施有必需的经费保障					
JSX1	保障对象的审核、资金发放等都能及时完成					
JSX2	低保工作人员态度友好、积极认真、值得信赖					
JSX3	工作人员能够及时为不同保障对象提供需要的服务					
ZYX1	政策监督与问责公开透明					
ZYX2	政策信息透明度高，政策宣传手段丰富有效					
ZYX3	保障对象的认定是平等、公开、透明的					
XLX1	保障资金能够满足低保保障对象的基本生活需要					

续表

序号	度量指标	5	4	3	2	1
XLX2	覆盖面基本达到应保尽保					
XLX3	低保家庭的生活质量都得以明显提升					
XLX4	低保保障资金的支出不被浪费					
XLX5	低保保障资金得到了公正公平的分配					
HYX1	政策实施结果与社会价值和民众预期相符					
HYX2	政策实施很好地维护了社会公平与和谐					
HYX3	政策实施基本没有引发较大的矛盾					
HYX4	对政策实施的质疑和负面报道较少					

问卷结束，再次感谢您抽出宝贵时间完成该调查问卷！

参考文献

［1］［美］艾尔·巴比. 社会研究方法：第十一版［M］. 邱泽奇，译. 北京：华夏出版社，2009：156.

［2］［美］安德森. 公共政策制定：第五版［M］. 谢明，等译. 北京：中国人民大学出版社，2009.

［3］埃贡·G. 古贝，伊冯娜·S. 林肯. 第四代评估［M］. 北京：中国人民大学出版社，2008.

［4］［美］保罗·A. 萨巴蒂尔. 政策过程理论［M］. 彭宗超，等译. 北京：三联书店，2004.

［5］［美］保罗·萨巴蒂尔，詹金斯·史密斯. 政策变迁与学习：一种倡议联盟途径［M］. 邓征，译. 北京：北京大学出版社，2011.

［6］［美］彼得·罗西，霍华德·弗里曼，马克·李普西. 项目评估：方法与技术［M］. 北京：华夏出版社，2001：10.

［7］包国宪. 绩效评价：推动地方政府职能转变的科学工具——甘肃省政府绩效评价活动的实践与理论思考［J］. 中国行政管理，2005（7）：86 - 91.

［8］包国宪，王学军. 以公共价值为基础的政府绩效治理——源起、架构与研究问题［J］. 公共管理学报，2012（2）：89 - 97，126 - 127.

［9］毕亮亮. "多源流框架"对中国政策过程的解释力——以江浙跨行政区水污染防治合作的政策过程为例［J］. 公共管理学报，2007（2）：36 - 41，123.

［10］［美］查尔斯·E. 林布隆. 政策制定过程［M］. 北京：华夏出版社，1988.

［11］曹堂哲，张再林. 话语理论视角中的公共政策质量问题——提升公共政策质量的第三条道路及其对当代中国的借鉴［J］. 武汉大学学报（哲学社会科学版），2005（6）：857 - 861.

［12］陈汉宣，马骏，包国宪. 中国政府绩效评估30年［M］. 北京：中

央编译出版社，2011.

[13] 陈庆云. 公共政策分析：第二版 [M]. 北京：北京大学出版社，2011.

[14] 陈慰萱. 政府执行力：构成要素、影响因素与提升路径 [J]. 当代世界与社会主义，2009 (4)：124 - 127.

[15] 陈向明. 质的研究方法与社会科学研究 [M]. 北京：教育科学出版社，2007.

[16] 陈晓萍，等. 组织与管理研究的实证方法：第二版 [M]. 北京：北京大学出版社，2012.

[17] 陈振明. 改善公共决策系统，提高公共政策质量——市场经济条件下的政府决策行为研究 [J]. 开放潮，1995 (6)：41 - 42.

[18] 陈振明，耿旭. 公共服务质量管理的本土经验——漳州行政服务标准化的创新实践评析 [J]. 中国行政管理，2014 (3)：15 - 20.

[19] 陈振明. 西方政策执行研究运动的兴起 [J]. 江苏社会科学，2001 (6)：60 - 61.

[20] 陈振明. 寻求政策科学发展的新突破——中国公共政策学研究三十年的回顾与展望 [J]. 中国行政管理，2012 (4)：12 - 15.

[21] 陈振明. 政策科学：公共政策分析导论：第二版 [M]. 北京：中国人民大学出版社，2014.

[22] 陈振明. 政策科学教程 [M]. 北京：科学出版社，2015：162.

[23] [美] 戴维·罗森布鲁姆，克拉夫丘克. 公共行政学：管理、政治和法律的途径：第五版 [M]. 张成福，等校译. 北京：中国人民大学出版社，2004.

[24] [美] 道格拉斯·摩根，李一男，魏宁宁. 衡量政府绩效的信任范式和效率范式——对地方政府领导和决策的启示 [J]. 公共管理学报，2013 (2)：117 - 125，143.

[25] [美] 德博拉·斯通. 政策悖论 [M]. 顾建光，译. 北京：中国人民大学出版社，2016.

[26] [美] 登哈特. 新公共服务：服务，而不是掌舵 [M]. 北京：中国人民大学出版社，2010.

[27] [以] 德洛儿. 逆境中的政策制定 [M]. 王满船，等译，张金马，校. 上海：远东出版社，1996.

［28］丁煌，定明捷．国外政策执行理论前沿评述［J］．公共行政评论，2010（1）：119－148，205－206．

［29］丁煌，定明捷．基于信息不对称的政策执行分析［J］．北京行政学院学报，2008（6）：17－22．

［30］丁煌，李晓飞．中国政策执行力研究评估：2003－2012年［J］．公共行政评论，2013（4）：130－157，181．

［31］丁煌，梁满艳．地方政府公共政策执行力测评指标设计——基于地方政府合法性的视角［J］．江苏行政学院学报，2014（4）：99－106．

［32］丁煌，汪霞．地方政府政策执行力的动力机制及其模型构建——以协同学理论为视角［J］．中国行政管理，2014（3）：95－99．

［33］丁煌．我国现阶段政策执行阻滞及其防治对策的制度分析［J］．政治学研究，2002（1）：28－39．

［34］丁煌．研究政策执行问题必须遵循科学的方法论［J］．北京行政学院学报，2003（1）：16－21．

［35］丁煌．政策制定的科学性与政策执行的有效性［J］．南京社会科学．2002（1）：38－44．

［36］定明捷．中国政策执行研究的回顾与反思（1987－2013）［J］．甘肃行政学院学报，2014（1）：17－28，124．

［37］范柏乃，蓝志勇．公共管理研究与定量分析方法［M］．北京：科学出版社，2013．

［38］范柏乃，张茜蓉．公共政策质量的概念构思、测量指标与实际测量［J］．北京行政学院学报，2014（6）：1－7．

［39］傅德印．应用多元统计分析［M］．北京：高等教育出版社，2013．

［40］傅广宛．非线性视角中的公共政策执行过程［J］．中国行政管理，2003（5）：33－36．

［41］傅雨飞．公共政策量化分析：研究范式转换的动因和价值［J］．中国行政管理，2015（8）：116－120．

［42］高兴武．公共政策评估：体系与过程［J］．中国行政管理，2008（2）：58－62．

［43］［美］格雷厄姆·艾利森．决策的本质：还原古巴导弹危机的真相［M］．王伟光，等译．北京：商务印书馆，2015：246．

［44］龚虹波．执行结构—政策执行—执行结果——一个分析中国公共

政策执行的理论框架 [J]. 社会科学, 2008 (3): 105 – 111, 190.

[45] 韩博夫. 中国异乎常规的政策制定过程: 不确定情况下反复试验 [J]. 开放时代, 2009 (7): 41 – 48, 26.

[46] 韩国明, 王鹤. 我国公共政策执行的示范方式失效分析——基于示范村建设个案的研究 [J]. 中国行政管理, 2012 (4): 38 – 42.

[47] 何晖, 邓大松. 中国农村最低生活保障制度运行绩效评价——基于中国 31 个省区的 AHP 法研究 [J]. 江西社会科学, 2010 (11): 212 – 218.

[48] 何文盛, 姜雅婷, 王焱. 村级公益事业建设一事一议财政奖补政策绩效评价——以甘肃省 6 县 (区) 为例 [J]. 中国农村观察, 2015 (3): 38 – 51, 96 – 97.

[49] 何文盛, 唐辰龙, 郭栋林. 国家治理体系与治理能力现代化背景下政府绩效管理的定位重塑与功能解析 [J]. 兰州大学学报 (社会科学版), 2016, 44 (4): 137 – 143.

[50] 何植民. 农村最低生活保障政策评价指标体系的构建——基于群组决策分析模型的运用 [J]. 中国行政管理, 2013 (11): 113 – 118.

[51] 贺东航, 孔繁斌. 公共政策执行的中国经验 [J]. 中国社会科学, 2011 (5): 61 – 79, 220 – 221.

[52] 贺雪峰. 中国农村反贫困战略中的扶贫政策与社会保障政策 [J]. 武汉大学学报 (哲学社会科学版), 2018 (3): 147 – 153.

[53] 侯志峰. 公共价值: 范式变迁、本土语境与实现策略 [J]. 行政与法, 2017 (8): 17 – 24.

[54] 黄健荣. 中国若干重要领域政府决策能力论析 [J]. 南京社会科学, 2013 (1): 71 – 80.

[55] 霍春龙, 邬碧雪. 治理取向还是管理取向? ——中国公共政策绩效研究的进路与趋势 [J]. 上海行政学院学报, 2015 (4): 33 – 38.

[56] 焦克源, 杨乐. 扶贫开发与农村低保衔接研究: 一个文献述评 [J]. 中国农业大学学报 (社会科学版), 2016 (5): 81 – 88.

[57] 李怀祖. 管理研究方法论: 第二版 [M]. 北京: 北京大学出版社, 2007.

[58] 李少惠, 王苗. 农村公共文化服务供给社会化的模式构建 [J]. 国家行政学院学报, 2010 (2): 44 – 48.

［59］李少惠，余君萍．公共治理视野下我国农村公共文化服务绩效评估研究［J］．四川行政学院学报，2010（1）：32－35.

［60］李侠，苏金英．论中国科技政策质量测度体系的构建［J］．中国科技论坛，2008（5）：93－97.

［61］李瑛，康德颜，齐二石．政策评估理论与实践研究综述［J］．公共管理评论，2006（1）.

［62］李迎生．国家、市场与社会政策：中国社会政策发展历程的反思与前瞻［J］．社会科学，2012（9）：50－64.

［63］林卡．社会政策、社会质量和中国大陆社会发展导向［J］．社会科学，2013（12）：63－71.

［64］林闽钢．积极社会政策与中国发展的选择［J］．社会政策研究，2016（1）：38－50.

［65］林闽钢．社会保障如何能成为国家治理之"重器"？——基于国家治理能力现代化视角的研究［J］．社会保障评论，2017（1）：34－42，134.

［66］刘伯龙，竺乾威，何秋祥．中国农村公共政策：政策执行的调查分析［M］．上海：复旦大学出版社，2011.

［67］刘海波，靳宗振．政策过程与政策质量［J］．科学与社会，2011（3）：84－95.

［68］刘晶，陈宝胜．公共对话式政策执行：建设服务型政府的重要突破口［J］．中国行政管理，2013（1）：34－38.

［69］刘修如．社会政策与社会立法［M］．中国台北：五南图书出版公司，1984：55.

［70］［美］马克·穆尔．创造公共价值：政府战略管理［M］．伍满桂，译．北京：商务印书馆，2016.

［71］马林，罗国英．全面质量管理基本知识［M］．北京：中国经济出版社，2001.

［72］彭志．从理性、权力到官僚政治视角的转变——对西方学者关于中国政策制定过程研究的述评［J］．理论探讨，2005（2）：88－92.

［73］［美］乔纳森·汤普金斯．公共管理学说史：组织理论与公共管理［M］．上海：上海译文出版社，2010.

［74］［美］全钟燮．公共行政的社会建构：解释与批判［M］．孙柏瑛等译，北京：北京大学出版社，2008.

[75] 秦德君. 公共政策的国家产出: 质量与绩效 [J]. 社会科学, 2007 (3): 43 - 53.

[76] 邱汉中. 改进和优化公共政策制定质量的系统分析 [J]. 理论与改革, 2002 (6): 35 - 37.

[77] 冉敏, 刘志坚. 基于立法文本分析的国外政府绩效管理法制化研究——以美国、英国、澳大利亚和日本为例 [J]. 行政论坛, 2017 (1): 122 - 128.

[78] 沙勇忠, 等. 政府绩效管理研究的知识图谱与热点主题 [J]. 公共管理学报, 2009 (3): 102 - 110, 127 - 128.

[79] 沙勇忠, 政府绩效评价——国内外主要实践及趋势 [J]. 评价与管理, 2009 (4): 11 - 13.

[80] 沈云交. 菲根堡姆质量思想研究 [J]. 世界标准化与质量管理, 2007 (12): 10 - 13.

[81] 石凯, 胡伟. 政策网络理论: 政策过程的新范式 [J]. 国外社会科学, 2006 (3): 28 - 35.

[82] 孙柏瑛. 开放性、社会建构与基层政府社会治理创新 [J]. 行政科学论坛, 2014, 1 (4): 10 - 15.

[83] 孙柏瑛, 于扬铭. 网格化管理模式再审视 [J]. 南京社会科学, 2015 (4): 65 - 71, 79.

[84] 孙柏瑛. 治理现代化视阈下基层社会治理的制度建构 [J]. 工程研究——跨学科视野中的工程, 2015, 7 (2): 173 - 181.

[85] 孙悦, 麻宝斌. 公共政策正义性评估的理念与方法 [J]. 吉林大学社会科学学报, 2013, 53 (4): 115 - 121.

[86] [美] 托马斯·W. 李. 组织与管理研究的定性方法 [M]. 北京: 北京大学出版社, 2014.

[87] [美] 托马斯·戴伊. 理解公共政策: 第十二版 [M]. 北京: 中国人民大学出版社, 2011.

[88] 唐钧. 从社会保障到社会保护: 社会政策理念的演进 [J]. 社会科学, 2014 (10): 56 - 62.

[89] [韩] 吴锡乱, 金荣抨. 政策学的主要理论 [M]. 上海: 复旦大学出版社, 2004.

[90] [美] 威廉·邓恩. 公共政策分析导论: 第四版 [M]. 谢明, 等译.

北京：中国人民大学出版社，2011.

［91］王宝成．基于 CNKI 数据库的公共政策质量文献统计分析与展望
［J］．理论月刊，2017（7）：155－159.

［92］王学军，张弘．公共价值的研究路径与前沿问题［J］．公共管理
学报，2013（2）：126－136，144.

［93］王云斌．社会福利政策质量及其评价研究［J］．社会福利（理论
版），2014（4）.

［94］王增文．农村最低生活保障制度的济贫效果实证分析——基于中
国 31 个省市自治区的农村低保状况比较的研究［J］．贵州社会科学，2009
（12）：107－111.

［95］魏姝．政策类型理论的批判及其中国经验研究［J］．甘肃行政学
院学报，2012（2）：27－33，126.

［96］魏姝．政策类型与政策执行：基于多案例比较的实证研究［J］.
南京社会科学，2012（5）：55－63.

［97］吴开明．政策执行偏差防治路径探析——基于政策执行控制的视
角［J］．中国行政管理，2009（1）：35－40.

［98］吴明隆．结构方程模型：AMOS 的操作与应用［M］．重庆：重庆
大学出版社，2010.

［99］吴忠民．从平均到公正：中国社会政策的演进［J］．社会学研究，
2004（1）：75－89.

［100］向德平．发展型社会政策及其在中国的建构［J］．河北学刊，
2010（4）：114－117，125.

［101］谢秋山．地方政府职能堕距与社会公共领域治理困境——基于
广场舞冲突案例的分析［J］．公共管理学报，2015（3）：23－32，155－
156.

［102］谢治菊．农村最低生活保障制度与农民对政府信任的关系研
究——来自两次延续性的调查［J］．中国行政管理，2013（6）：120－
125.

［103］徐家良．公共政策制定过程：利益综合与路径选择——全国妇联
在《婚姻法》修改中的影响力［J］．北京大学学报（哲学社会科学版），
2004（4）：95－102.

［104］薛澜，陈玲．中国公共政策过程的研究：西方学者的视角及其启

示［J］．中国行政管理，2005（7）：99－103．

［105］薛澜，林泽梁．公共政策过程的三种视角及其对中国政策研究的启示［J］．中国行政管理，2013（5）：41－46．

［106］杨燕绥．中国社会保障法律体系的构想［J］．公共管理学报，2004（1）：63－70，95－96．

［107］姚俊开，李春斌.《社会救助法》视野下民族地区农村最低生活保障制度研究［J］．社会科学家，2008（3）：72－74，81．

［108］殷俊明，杨政，雷丁华．供应链成本管理研究：量表开发与验证［J］．会计研究，2014，（03）：56－63＋96．

［109］［英］迈克·希尔，［荷］彼得·休普．执行公共政策［M］．黄健荣，译．北京：商务印书馆，2011．

［110］［美］约翰·金登．议程、备选方案与公共政策［M］．丁煌，方兴，译．北京：中国人民大学出版社，2004．

［111］约瑟夫·朱兰．质量管理手册：第五版［M］．北京：中国人民大学出版社，2003：8．

［112］岳经纶．中国社会政策的扩展与"社会中国"的前景［J］．社会政策研究，2016（1）：51－62．

［113］［美］詹姆斯·安德森．公共政策制定：第五版［M］．谢明，等译．北京：中国人民大学出版社，2009：100．

［114］詹中原．公共政策问题建构过程中的公共性研究［J］．公共管理学报，2006（4）：12－21，107．

［115］张吉军．模糊层次分析法（FAHP）［J］．模糊系统与数学，2000，14（2）：80－88．

［116］张康之，向玉琼．政策分析语境中的政策问题建构［J］．东南学术，2015（5）：28－37，247．

［117］张康之，向玉琼．走向合作的政策问题建构［J］．武汉大学学报（哲学社会科学版），2016（4）：13－23．

［118］张乐．公共政策与社会政策：一个系统论的比较［J］．天津行政学院学报，2007（2）：47－50．

［119］张铁男，李晶蕾．对多级模糊综合评价方法的应用研究［J］．哈尔滨工程大学学报，2002（3）：132－135．

［120］张文礼．合作共强：公共服务领域政府与社会组织关系的中国经

验 [J]. 中国行政管理, 2013 (6): 7 - 11.

[121] 章帆, 韩福荣. 质量生态学研究 (2) ——质量概念与质量管理理论的演化 [J]. 世界标准化与质量管理, 2005 (4): 29 - 32.

[122] 赵莉晓. 创新政策评估理论方法研究——基于公共政策评估逻辑框架的视角 [J]. 科学学研究, 2014 (2): 195 - 202.

[123] 赵颖. 我国农村最低生活保障行政程序的实证分析——兼论行政程序与实体的互动 [J]. 国家行政学院学报, 2009 (6): 70 - 75.

[124] 朱德米. 公共管理职能的重建——一个分析框架 [J]. 公共管理学报, 2005 (2): 13 - 20, 39 - 93.

[125] 朱德米. 公共政策扩散、政策转移与政策网络——整合性分析框架的构建 [J]. 国外社会科学, 2007 (5): 19 - 23.

[126] 朱德米. 决策与风险源: 社会稳定源头治理之关键 [J]. 公共管理学报, 2015 (1): 137 - 144, 159 - 160.

[127] 朱德米. 执行难, 难在哪——基于政策过程理论的解释 [J]. 探索与争鸣, 2015 (9): 61 - 63.

[128] 朱正威, 刘莹莹. 重大公共政策社会稳定风险评估中风险沟通机制的构建——基于北京市水价调整政策的案例分析 [J]. 北京社会科学, 2016 (11): 12 - 20.

[129] 朱正威, 石佳, 刘莹莹. 政策过程视野下重大公共政策风险评估及其关键因素识别 [J]. 中国行政管理, 2015 (7): 102 - 109.

[130] 竺乾威. 地方政府的政策执行行为分析: 以 "拉闸限电" 为例 [J]. 西安交通大学学报 (社会科学版), 2012 (2): 40 - 46.

[131] 竺乾威. 地方政府的组织创新: 形式、问题与前景 [J]. 复旦学报 (社会科学版), 2015, 57 (4): 139 - 148.

[132] 竺乾威. 试论经营公共服务: 价值、战略与能力建设 [J]. 江苏行政学院学报, 2015 (1): 107 - 113.

[134] 竺乾威. 西方国家社会保障制度比较 [J]. 复旦学报 (社会科学版), 1991 (4): 31 - 36.

[135] Alexander Hans, Siegmund Duell, Steffen Udluft. Agent self-assessment: Determining policy quality without execution. Adaptive Dynamic Programming And Reinforcement Learning (ADPRL), 2011: 84 - 90.

[136] Allen P, Bennett B, et al. Quality in Policy Modeling [J]. Inter-

faces, 1992, 22 (4): 70 – 85.

[137] Beamon B M, Ware T M. A Process Quality Model for the Analysis, Improvement and Control of Supply Chain Systems [J]. Logistics Information Management, 1998, 11 (2): 105 – 113.

[138] Bernheim S M. Measuring Quality and Enacting Policy [J]. Circulation Cardiovascular Quality and Outcomes, 2014, 7 (3): 350 – 352.

[139] Bingham L B, O'Leary R. The New Governance: Practices and Processes for Stakeholder and Citizen Participation in the Work of Government [J]. Public Administration Review, 2005, 65 (5): 547 – 558.

[140] Boyne G A. Sources of Public Service Improvement: A Critical Review and Research Agenda [J]. Journal of Public Administration Research and Theory: J-PART, 2003, 13 (3): 367 – 394.

[141] Brunner K, Meltzer A H. The Nature of the Policy Problem [J]. Chandler, 1969.

[142] Burns J, Rosen. Policy conflicts in post-Mao China: a documentary survey with analysis [M]. M. E. Sharpe, 1988.

[143] Calvert P J. Measuring Service Quality: From Theory into Practice [J]. Australian Academic & Research Libraries, 1997, 28 (3): 198 – 204.

[144] Cameron K. Critical Questions in Assessing Organizational Effectiveness [J]. Organizational Dynamics, 1980, 9 (2): 66 – 80.

[145] Cherfi S S, Akoka J, Comynwattiau I. Conceptual Modeling Quality From EER to UML Schemas Evaluation [C]. Conceptual Modeling – ER 2002, International Conference on Conceptual Modeling, Tampere, Finland, October7 – 11, 2002, Proceedings. DBLP, 2015: 414 – 428.

[146] Chiralaksanakul A, Morton D P. Assessing Policy Quality in Multistage Stochastic Programming [J]. 2004.

[147] Chuaire M F, Scartascini C. The Politics of Policies: Revisiting the Quality of Public Policies and Government Capabilities in Latin America and the Caribbean [J]. Inter-American Development Bank, 2014.

[148] Churchill G A. A Paradigm for Developing Better Measures of Marketing Constructs [J]. Journal of Marketing Research, 1979.

[149] Claudia P W. Participative and Stakeholder-Based Policy Design, Evalu-

ation and Modeling Processes [J]. Integrated Assessment, 2002, 3 (1): 3 – 14.

[150] Cohen R, Llc N, Moore B. Policy Quality of Service (QoS) Information Model [J]. Heise Zeitschriften Verlag, 2003.

[151] Conway P H, Mostashari F, Clancy C. The Future of Quality Measurement for Improvement and Accountability [J]. Jama the Journal of the American Medical Association, 2013, 309 (21): 2215.

[152] David Dery. Agenda Setting and Problem Definition [J]. Policy Studies, 2000, 21 (1): 37 – 47.

[153] David Dery. Problem Definition in Policy Analysis. Lawrence [D]. KS: University of Kansas, 1984.

[154] D. Easton. The Political System [M]. New York: Kroft, 1953: 129.

[155] Degroff A, Cargo M. Policy Implementation: Implications for Evaluation [J]. New Directions for Evaluation, 2009 (124): 47 – 60.

[156] Deleon P. Reinventing the Policy Science: Three Steps Back to the Future [J]. Policy Science, 1994: (27): 77 – 95.

[157] Demas A, Igei K, Yuki T. Measuring the Quality of Education Policies and Their Implementation for Better Learning: Adapting World Bank's SABER Tools on School Autonomy and Accountability to Senegal [J]. Working Papers, 2016.

[158] Dima B, Lobon O R, Moldovan N C. Does the Quality of Public Policies and Institutions Matter for Entrepreneurial Activity? Evidences from the European Union's Member States [J]. Panoeconomicus, 2016, 63 (4): 425 – 439.

[159] Draycott T, Sibanda T, Laxton C, et al. Quality Improvement Demands Quality Measurement [J]. Bjog An International Journal of Obstetrics & Gynaecology, 2010, 117 (13): 1571.

[160] Dryzek J S, Ripley B. The Ambitions of Policy Design [J]. Review of Policy Research, 2010, 7 (4): 705 – 719.

[161] Elke Löffler. Defining Quality in Public Administration, Paper for the Session on Quality in Public Administration: Basic Concepts and Comparative Perspective [C]. NISPAcee Conference, May 10 – 13, 2001, Riga, Latvia.

[162] Gatewood R D, Field H S. Human Resource Selection, 5th Edition

［M］. South-western：Thompson Learning，2001.

［163］Gerry Stoker. Governance as Theory：Five Propositions ［J］. International Social Science Journal，1998，50（155）：17 - 28.

［164］Group I E. The Quality of Results Frameworks in Development Policy Operations ［J］. World Bank Publications，2015.

［165］Hanberger A. What is the Policy Problem？Methodological Challenges in Policy Evaluation ［J］. Evaluation，2001，7（1）：45 - 62.

［166］Harold D. Lasswell，A. Kaplan. Power and Society：A Framework for Political Inquiry ［M］. Yale University Press，1970：71.

［167］Heckman J J. Micro Data，Heterogeneity，and the Evaluation of Public Policy：Nobel Lecture ［J］. Journal of Political Economy，2001，109（4）：673 - 748.

［168］Heidari F，Loucopoulos P. Quality Evaluation Framework（QEF）：Modeling and Evaluating Quality of Business Processes ［J］. International Journal of Accounting Information Systems，2014，15（3）：193 - 223.

［169］Heravizadeh M，Mendling J，Rosemann M. Dimensions of Business Processes Quality（QoBP）［C］. Business Process Management Workshops，BPM 2008 International Workshops，Milano，Italy，September 1 - 4，2008. Revised Papers. DBLP，2009：80 - 91.

［170］Hill H，Klages H，Löffler E. Quality，Innovation and Measurement in the Public Sector ［M］. Peter Lang，1996.

［171］Hoppe R. Analysing Policy Problems：A Problem-Structuring Approach ［M］. The Governance of Problems Puzzling，Powering and Participation，2011.

［172］Hoppe R. Cultures of Public Policy Problems ［J］. Journal of Comparative Policy Analysis，2002，4（3）：305 - 326.

［173］Huber E. Panel Discussion：The Quality of Social Policy：Explaining cross-National and Sub-National Differences ［J］. Isaconf，2012.

［174］Jeannine E. Relly，Meghna Sabharwal. Erratum to Perceptions of Transparency of Government Policymaking：A Cross-National Study Government Information Quarterly，2009（26）：148 - 157.

［175］Jerit J. Reform，Rescue or Run out of Money？Problem Definition in the Social Security Reform Debate [J]. International Journal of Press/politics, 2005, 11 (11): 9 -28.

[176] Kaim-Caudle P R. Comparative Social Policy and Social Security: A Ten-country study [M]. Comparative Social Policy and Social Security: Martin Robertson and Company Ltd. , 1973.

[177] Kallgren J K. Policy Making in China: Leaders, Structures, and Processes [J]. Journal of Asian Studies, 1989, 48 (4): 830.

[178] Kebschull D. More Quality in Development Policy [J]. Intereconomics, 1974, 9 (12): 363 -363.

[179] Keiser L R. Understanding Street-Level Bureaucrats Decision Making: Determining Eligibility in the Social Security Disability Program [J]. Public Administration Review, 2010, 70 (2): 247 -257.

[180] Krizsan A, Lombardo E. The Quality of Gender Equality Policies: A Discursive Approach. [J]. European Journal of Womens Studies, 2013, 20 (1): 77 -92.

[181] La Porta R, Lopezdesilanes F, Shleifer A, et al. The Quality of Government [J]. Journal of Law Economics & Organization, 1999, 15 (1): 222 -279.

[182] Lawrence Lynn. Managing Public Policy [M]. Boston: Little Brown, 1987: 239.

[183] Lehoucq F. Political Competition, Constitutional Arrangements, and the Quality of Public Policies in Costa Rica [J]. Latin American Politics and Society, 2010, 52 (4): 53 -77.

[184] Lehtinen. Two Approaches and Service Quality Dimensions [J]. Service Industry Journal, 1991.

[185] Levitin A, Redman T. Quality Dimensions of a Conceptual View [J]. Information Processing & Management, 1995, 31 (1): 81 -88.

[186] Lewis K M, Hepburn P. Open Card Sorting and Factor Analysis: A Usability Case Study [J]. Electronic Library, 2010, 28 (3): 401 -416.

[187] Lindland O I, Sindre G, Solvberg A. Understanding Quality in Conceptual Modeling [M]. IEEE Computer Society Press, 1994.

[188] Liu B. Improving the Quality of Public Policy-Making in China: Prob-

lems and Prospects [J]. Public Administration Quarterly, 2003, 27 (1/2): 125 – 141.

[189] Lombardo, Emanuela, L. R. Agustín. Framing Gender Intersections in the European Union: What Implications for the Quality of Intersectionality in Policies? [J]. Social Politics, 2012: 482 – 512.

[190] Mark H. Moore. Creating Public Value: Strategic Management in Government [M]. Cambridge: Harvard University Press, 1995: 21.

[191] Marlene B. Schwartz. et al. A Comprehensive Coding System to Measure the Quality of School Wellness Policies [J]. Journal of the Academy of Nutrition and Dietetics, 2009: 1256 – 1262.

[192] Martinsen D S. Social Policy: Problem Solving Gaps, Partial Exits and Court Decision Traps [J]. Social Science Electronic Publishing, 2011.

[193] Maura Adshead. An Advocacy Coalition Framework Approach to the Rise and Fall of Social Partnership [J]. Irish Political Studies, 2011, 26 (1): 73 – 93.

[194] Maynard, Ruighaver. What Makes A Good Information Security Policy: A Preliminary Framework For Evaluating Security Policy Quality [C]. Security Conference, 2006.

[195] Mayntz R. From Government to Governance: Political Steering in Modern Societies [J]. Taylor and Francis, 2003 (06): 16 – 25 (10).

[196] Mccabe D, Knights D, Kerfoot D, et al. Making Sense of "Quality"? ——Toward a Review and Critique of Quality Initiatives in Financial Services [J]. Human Relations, 1998, 51 (3): 389 – 411.

[197] Mcglynn E A, Brook R H. Keeping Quality on the Policy Agenda [J]. Health Aff, 2001, 20 (20): 82 – 90.

[198] Mcgrath B M, Tempier R P. Implementing Quality Management in psychiatry: From Theory to Practice—Shifting Focus from Process to Outcome [J]. Can J Psychiatry, 2003, 48 (7): 467 – 474.

[199] Michael Howlett, Jeremy Rayner. Understanding the Historical turn in the Policy Sciences: A Critique of Stochastic, Narrative, Path Dependency and Process-Sequencing Models of Policy-Making over time [J]. Policy Sciences, 2006 (39): 1 – 18.

[200] Millar J. Understanding Social Security: Issues for Policy and Practice [J]. European Journal of Social Security, 2003, 34 (1): 88 – 89.

[201] Misuraca, Gianluca, Codagnone, et al. From Practice to Theory and back to Practice: Reflexivity in Measurement, and Evaluation for Evidence-based Policy Making in the Information; Society [J]. Government Information Quarterly, 2013, 30 (30): S68 – S82.

[202] Moody D L, Shanks G G. Improving the Quality of Data Models: Empirical Validation of a Quality Management Framework [M]. Elsevier Science Ltd. , 2003.

[203] Moore G C, Benbasat I. Development of an Instrument to Measure the Perceptions of Adopting an Information Technology Innovation [J]. Information Systems Research, 1991, 2 (3): 192 – 222.

[204] Moore G C, Benbasat I. Development of an Instrument to Measure the Perceptions of Adopting an Information Technology Innovation [M]. Informs, 2017.

[205] Myths and the Definition of Policy Problems [J]. Policy Sciences, 1987, 20 (3): 181 – 206.

[206] Neufville J I D, Barton S E. Myths and the Definition of Policy Problems [J]. Policy Sciences, 1987, 20 (3): 181 – 206.

[207] Nordlund A. Social Policy in Harsh Times. Social Security Development in Denmark, Finland, Norway and Sweden during the 1980s and 1990s [J]. International Journal of Social Welfare, 2000, 9 (1): 31 – 42.

[208] Oxenham J. The Quality of Programmes and Policies Regarding Literacy and Skills Development [J]. Background Paper for Efa Global Monitoring Report, 2005.

[209] Oxley D R, Vedlitz A, Wood B D. The Effect of Persuasive Messages on Policy Problem Recognition [J]. Policy Studies Journal, 2014, 42 (2): 252 – 268.

[210] Parasuraman A, Zeithaml V A, Berry L L. Servqual: A Multiple-Item Scale for Measuring Consumer Perceptions of Service Quality. [J]. Journal of Retailing, 1988, 64 (1): 12 – 40.

[211] Peters G B. The Problem of Policy Problems [J]. Journal of Comparative Policy Analysis, 2005, 7 (4): 349 – 370.

［212］Powpaka S. The Role of Outcome Quality as a Determinant of Overall Service Quality in Different Categories of Services Industries：An Empirical Investigation ［J］. Journal of Services Marketing, 1996, 10（2）：5 – 25.

［213］Primm S A, Clark T W. The Greater Yellowstone Policy Debate：What is the Policy Problem? ［J］. Policy Sciences, 1996, 29（2）：137 – 166.

［214］Ragusa J M. The Lifecycle of Public Policy：An Event History Analysis of Repeals to Landmark Legislative Enactments, 1951 – 2006 ［J］. American Politics Research, 2010, 38（6）：1015 – 1051.

［215］Rieper O, Mayne J. Evaluation and Public Service Quality ［J］. International Journal of Social Welfare, 1998, 7（2）：118 – 125.

［216］Rochefort D A, Cobb R W. Problem Definition, Agenda Access, and Policy Choice ［J］. Policy Studies Journal, 1993, 21（1）：56 – 71.

［217］Ross J L. Research and Social Security policy in the United States. ［J］. Social Security Bulletin, 1987, 50（10）：4.

［218］Ryan N. A Comparison of Three Approaches to Programme Implementation ［J］. International Journal of Public Sector Management, 1996, 9（4）：34 – 41.

［219］S. B. Maynard, A. B Ruighaver. Security Policy Quality：A Multiple Constituency Perspective. Assuring Business Processes ［C］. Proc. of the bth Annual, 2007.

［220］Sabatier P A, Weible C M. The Advocacy Coalition Framework：Innovations and Clarifications ［M］. Theories of the Policy Process, 2007：446 – 450.

［221］Sani, Nazariyah, et al. Implementation of Linus Programme Based on the Model of Van Meter and Van Horn ［J］. Malaysian Online Journal of Educational Sciences, 2013（1）.

［222］Scartascini C, Stein E, Tommasi M. Political Institutions, Intertemporal Cooperation, and the quality of Public Policies ［J］. Journal of Applied Economics, 2013, 16（1）：1 – 32.

［223］SeungKyu Rhee, June Young Rha. Public Service Quality and Customer Satisfaction：Exploring the Attributes of Service Quality in the Public Sector ［J］. Service Industries Journal, 2009, 29（11）：1491 – 1512.

[224] Sherriff Ting-Kwong Luk, Roger Layton. Managing both Outcome and Process, Quality is Critical to Quality of Hotel, Service [J]. Total Quality Management & Business Excellence, 2004, 15 (3): 259 – 278.

[225] Smith R. Focusing on Public Value: Something New and Something Old [J]. Australian Journal of Public Administration, 2004, 63 (4): 68 – 79.

[226] Sorg J D. A Typology of Implementation Behaviors of Street-Level Bureaucrats [J]. Review of Policy Research, 1983, 2 (3): 391 – 406.

[227] Stein E, Tommasi M. The Politics of Policies [J]. Politica Y Gobierno, 2006, 13 (2): 393 – 416.

[228] Tejay G, Dhillon G, Chin A G. Data Quality Dimensions for Information Systems Security: A Theoretical Exposition (Invited Paper) [J]. Ifip Advances in Information & Communication Technology, 2005, 193: 21 – 39.

[229] Theodore J. Lowi. Four Systems of Policy, Politics and Choice [J]. Public Administration Review, 1972 (32): 298 – 310.

[230] Treasury G B. The Magenta Book: Guidance Notes for Policy Evaluation and Analysis [J]. Federal Government, 2003: (2).

[231] Tullis T, Wood L. How Many Users Are Enough for a Card – Sorting Study? [J]. Proceedings of the Usability Professionals Association, 2004.

[232] Verschraegen G. Human Rights and Modern Society: A Sociological Analysis from the Perspective of Systems Theory [J]. Journal of Law and Society, 2002, 29 (2): 258 – 281.

[233] Wang R Y, Storey V C, Firth C P. A Framework for Analysis of Data Quality Research [J]. Knowledge & Data Engineering IEEE Transactions on, 1995, 7 (4): 623 – 640.

[234] Wang R Y, Strong D M. Beyond Accuracy: What Data Quality Means to Data Consumers [J]. Journal of Management Information Systems, 1996, 12 (4): 5 – 33.

[235] Weiss. The Powers of Problem Definition: The Case of Government Paperwork [J]. Policy Sciences, 1989, 22 (2): 97 – 121.

[236] Wenstøp F, Seip K. Legitimacy and Quality of Multi-Criteria Environmental Policy Analysis: A Meta Analysis of Five MCE Studies in Norway [J].

Journal of Multi-Criteria Decision Analysis，2001，10（2）：53 – 64.

［237］ Wit B，Delden M V. Performance Analysis of Internal Communication：A Research Approach for Assessing the Quality of Policy and Motivating Communication［C］. The Quality of Communication in Organisations in Theory and Practice，2010.

后　记

　　肺腑之言，留待最后来说。

　　本书是在我博士学位论文的基础上整理出版的。在此，先要感谢和致敬我的导师刘志坚教授。先生德高若山、学富如海，几年来为我指点迷津、开阔视野；先生循循善诱、严谨宽容，始终对我施之以爱、导之以行；先生亦慈亦严、亦示亦言，对我的指导和启发终生难忘。

　　感谢管理学院的各位老师。感谢包国宪老师、沙勇忠老师、何文盛老师、吴建祖老师、丁志刚老师、韩国明老师、贾旭东老师、苑春老师、李少惠老师、柴国荣老师、单菲菲老师等的关心和指导。感谢王玲、罗妍姣老师的辛勤付出和帮助。

　　感谢张康之教授、肖滨教授、丁煌教授、陈振明教授、张成福教授、竺乾威教授、蓝志勇教授、朱正威教授、朱德米教授、王迎军教授、孙柏瑛教授、高小平教授、于文轩教授、罗宝珍教授、Masami Nishishiba 教授和 Gary Larsen 教授等在专题讲座、开题以及预答辩等环节中的指导和帮助。

　　感谢一直以来关心、指导和帮助我的各位师长、朋友。感谢甘肃省政协孙杰主任，陇南师专余学军书记，省教育厅刘波处长、刘彦文处长，省司法厅陈国栋处长，西北师范大学陈晓龙教授、张文礼教授、刘慧阳教授，兰州文理学院张焱教授，甘肃政法学院史玉成教授，西南交通大学罗梁波教授。

　　感谢兰州财经大学的各位领导和同仁，鼓励和支持我在工作多年之后重返校园并完成博士阶段的学习。

　　感谢刘昱汐、张国栋、邓文涛、李秀娟、杨琪、张宏伟、魏宏强、高建平、李菁、郭晓瑜等好友在政策文献收集、专家访谈、数据获取等方面的倾力支持和帮助。

　　感谢学友保海旭博士、郭晓云博士、黄恒君博士、韩君博士、方来博士、肖强博士、郑小强博士、孔德播教授、张书玉博士、任文启博士等，与你们的交流、讨论让我获益良多。

　　感谢家人的默默支持。

　　或许，一切都无须多言。而我，依旧是那个在路上的学生！